# 农业机械使用与维护

蒋瑞斌　白长城　著

湘潭大学出版社

图书在版编目（CIP）数据

农业机械使用与维护 / 蒋瑞斌，白长城著. -- 湘潭：湘潭大学出版社，2021.9
ISBN 978-7-5687-0635-3

Ⅰ. ①农… Ⅱ. ①蒋… ②白… Ⅲ. ①农业机械—使用②农业机械—机械维修 Ⅳ. ① S220.7

中国版本图书馆 CIP 数据核字（2021）第 198002 号

**农业机械使用与维护**

NONGYE JIXIE SHIYONG YU WEIHU

**蒋瑞斌 白长城 著**

**责任编辑：**丁立松 王利剑
**封面设计：**张丽莉
**出版发行：**湘潭大学出版社
**社 址：**湖南省湘潭大学工程训练大楼
**电 话：**0731-58298960 0731-58298966（传真）
**邮 编：**411105
**网 址：**http://press.xtu.edu.cn/
**印 刷：**长沙鸿和印务有限公司
**经 销：**湖南省新华书店
**开 本：**880 mm×1230 mm 1/32
**印 张：**6.5
**字 数：**157 千字
**版 次：**2021 年 9 月第 1 版
**印 次：**2021 年 9 月第 1 次印刷
**书 号：**ISBN 978-7-5687-0635-3
**定 价：**29.80 元

# 前　言

60多年前，毛泽东同志提出“农业的根本出路在于机械化”的著名论断，为我国农业发展之路指明了方向。60多年来，我国农业机械化水平显著提高，农业机械化实现了跨越式发展。现阶段，国家乡村振兴战略、2021年中央一号文件都提出加快推进农业现代化，这为我国农业装备产业快速发展提供了重大发展契机。新型农业经营主体的快速发展，信息技术、智能控制、物联网技术的融合和提升，推动了农业装备的高质量发展。随着农机补贴等政策的落地和购机补贴力度的增大，农业机械的保有量迅速增加，至2020年，全国的农机总保有量达2.04亿台，农机总动力达10.56亿千瓦，预计2021年将达10.71亿千瓦。

农机的迅速推广应用，提高了农业生产工作效率和工作质量，极大地降低了生产劳动强度，但随之也产生了一系列问题，特别是多数农机用户缺少农机具的使用、维护知识，不能及时发现和解决农机使用过程中出现的问题，导致农机使用寿命和效率下降，严重时还产生作业安全事故。

为帮助广大农机用户学会国内常用农机具的选购方法，以及正确使用与维护方法，同时加强对“一带一路”成员国中农机从业人员的培训，由中国现代农业装备职教集团、湖南现代农业职教集团牵头，委托湖南隆平培训中心组织人员撰写了《农业机械使用与维护》一书，其主要内容包括农业机械基本知识、农业机械选购，以及农用动力机械、联合收割机、插秧机、耕整机械、农用水泵、农副产品加工机械、植保无人机、谷物烘干机等常用农业装备的使用与维护。本书图文并茂，易学易懂，便于各位读者，特别是农机用户学习。

本书由蒋瑞斌、白长城共同编写，得到了湖南生物机电职业技术学院和袁隆平农业高科技股份有限公司的大力支持，特别是湖南生物机电职业技术学院对外合作交流处王建宇处长，在本书的撰写过程中提供了极大的帮助。由于农机种类繁多，作者水平有限，书中疏漏之处在所难免，恳请各位读者批评指正。

**编者**

**2021 年 8 月**

# 目　录

# 第一章　农业机械基本知识

农业机械是指在种植业和畜牧业生产过程中，以及农、畜产品初加工和处理过程中所使用的各种机械，其品种繁多，适用地区和作业条件都不尽相同，同一机型的农业机械，由于生产企业不同，其性能指标和适用范围也有区别。因此，在选购和使用农业机械之前应了解和掌握一些基本知识。

## 第一节　农业机械分类

农业机械一般按用途分类。大部分农业机械是根据农业的特点和各项作业的特殊要求而专门设计制造的，如土壤耕作机械、种植和施肥机械、植物保护机械、作物收获机械、畜牧业机械以及农产品加工机械等。小部分农业机械则与其他行业通用，根据农业的特点和需要直接选用，如农用动力机械、农田排灌机械中的水泵等；或者根据农业的特点和需要把这些机械设计成农用变型，如农业运输机械中的农用汽车、挂车和农田建设机械中的土、石方机械等。

农业机械还可按所用动力及其配套方式分类。农业机械应用的动力可分为两部分：一部分用于农业机械的行走或移动，可分为人力牵引（手提、背负、胸挂和推拉）、畜力牵引、拖拉机牵引和动力自走式等类型；另一部分用于农业机械工作部件的驱动，可分为人力驱动（手摇、脚踏等）、畜力驱动、机电动力驱动（利用内燃机、风力机、电动机等）和拖拉机驱动等类型。在同一台农业机械上，这两部分可以使用相同的或不同的动力。

按农业机械与拖拉机的配套方式，可分为牵引、悬挂和半悬挂等类型。

按照作业方式，农业机械可分为行走作业和固定作业两大类。在行走作业农业机械中，又有在连续行进过程中作业的连续行走式和行进与作业过程交替进行的间歇行走式两类。在固定作业的农业机械中，则有在非作业状态下可以转移作业地点的可移动式和作业地点始终固定的不可移动式两类。

按照作业地点，农业机械分为野外（田间、牧场和果园等）作业、场院作业、室内（厂房、机房、库房、温室和禽畜舍等）作业、水中或水上（河流、渠道、水库和水井等）作业、道路作业和航空作业等类型。

原农业部于 2015 年 2 月 9 日发布的农业行业标准《农业机械分类》（NY/T 1640—2015）将农业机械分为 15 个大类、49 个小类（不含“其他”），257 个品目。

## 第二节　农业机械常用术语

农业机械使用说明书中，一般都注明了其特性和所能达到的技术要求，如生产能力、配套动力、功率、能源消耗率、工作速度、转速、转矩及作业质量指标等。

1. 生产能力

指单位时间内所能完成的作业量，常用小时生产率和班次生产率表示。对于连续作业的机械，也可用日生产率表示。

2. 能源消耗率

指完成单位数量作业所消耗的能源，或发动机每千瓦小时的耗油量。如收割 1 标准亩水稻的耗油量、烘干机械每烘干 1 吨成品的煤耗、柴油机每千瓦小时的柴油消耗量等。

3. 功率

分为输入功率和输出功率。对于原动机械，输出功率是指单位时间内原动机械对外所发出的效能；输入功率是指从动机械单位时间内的能耗。功率常用的单位有千瓦（kW）或马力（HP）。两者的换算关系为：1 kW≈1.36 HP。

发动机铭牌或说明书中所给出的功率是标定（额定）输出功率（标定状况净输出功率）。按不同的作业用途和使用特点，标定功率分为 4 种：

（1）15 分钟功率：发动机允许连续运转 15 分钟的最大有效功率。适用于需要有短时良好超负荷和加速性能的汽车、摩托车等。

（2）1 小时功率：发动机允许连续运转 1 小时的最大有效功率。适用于需要有一定功率储备以克服突然增加负荷的轮式拖拉机、机车、船舶等。

（3）12 小时功率：发动机允许连续运转 12 小时的最大有效功率。适用于需要在 12 小时内连续运转又需要充分发挥功率的拖拉机、排灌机械、工程机械等。

（4）持续功率：发动机允许长期连续运转的最大有效功率。适用于需要长期持续运转的农业排灌机械、船舶、电站等。

在标示功率的同时须注明转速。如 R190-1 型柴油机的 12 小时标定功率为：7.2 kW（2 400 r/min）。

4. 工作速度

指单位时间内机械所走过的距离。常用单位有千米每小时（km/h）、米每秒（m/s）。

5. 转速

指单位时间内旋转部件所转过的圈数。转速的单位为转每分（r/min）。

6. 转矩

在标定条件下运行时，旋转部件所能产生的最大转动力矩。单位为牛·米（N·m）。

**注意：** 在标示转矩的同时，还必须注明转速，如125 N·m（1 500 r/min）。

## 第三节　农机具产品型号编制

工业和信息化部2013年4月25日发布，2013年9月1日起实施的《农机具产品型号编制规则》（JB/T 8574—2013），对农机具产品的型号编制规则做了详细规定。

1. 编制原则

（1）农机具产品必须有牌号、型号和名称。产品中的零部件，应有其名称和代号。

（2）农机具产品的牌号、型号和名称由设计、生产单位按本标准的规定进行编制，并报有关部门备案。

（3）老产品、引进的产品技术和图样可采用原型号进行编制。

（4）产品的标牌应符合国家标准《标牌》（GB/T 13306—2011）的规定。产品有商标时可不标注牌号。文字叙述时可按牌号、型号、名称顺序书写。

2. 产品牌号

（1）产品牌号主要用于识别产品的生产单位。产品牌号由生产单位自行确定，列于产品型号之前。

（2）产品转厂生产时，牌号可以改变，型号不得改变。

3. 产品名称

（1）产品名称应能说明产品的结构特点、性能特点和用途。产品名称应简明、通俗、易记。

（2）产品名称一般应由基本名称和附加名称两部分组成。

①基本名称：表示产品的类别，如犁、耙、播种机、碾米机。

②附加名称：用以区别相同类别的不同产品，应列于基本名称之前，如圆盘耙、背负式喷雾器。

（3）产品全称包括产品牌号、产品型号和产品名称三部分。

示例：丰收牌 2B-24 谷物播种机

4. 产品型号

（1）产品型号由阿拉伯数字（以下简称数字）和字母组成，表示农机具的类别和主要特征。

（2）产品型号的编排顺序如图 1-1 所示。

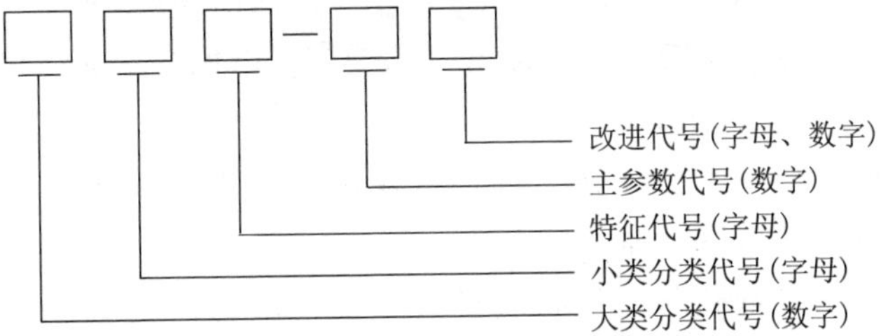


图 1-1 产品型号编排顺序

（3）产品型号依次由分类代号、特征代号和主参数三部分组成，分类代号和特征代号与主参数之间，以短横线隔开。

（4）分类代号由产品大类代号和小类代号组成。

①大类代号（也称分类代号）：由数字组成，如表 1-1 所示。

表 1-1　农机具产品大类代号

| 类别名称 | 代号 | 类别名称 | 代号 |
|---|---|---|---|
| 耕耘和整地机械 | 1 | 排灌机械 | 8 |
| 种植和施肥机械 | 2 | 畜牧机械 | 9 |
| 田间管理和植保机械 | 3 | 水产养殖机械 | 10 |
| 收获机械 | 4 | 农村废弃物利用设备 | 11 |
| 脱粒、清选、烘干和贮藏机械 | 5 | 农田基本建设机械 | 12 |
| 农产品加工机械 | 6 | 设施农业设备 | 13 |
| 农用运输机械 | 7 | 其他机械 | 0 |

②小类代号：以产品基本名称的汉语拼音第一个字母表示，如犁用“L”、播种机用“B”。为了避免型号重复，小类代号的字母，必要时可以选取汉语拼音的第二个或其后面的字母。

为简化产品型号，在型号不重复的情况下，小类代号应尽量少，个别产品可以不加小类代号。

(5) 特征代号：由产品主要特征（用途、结构、动力型式等）的汉语拼音第一个字母表示。为了避免型号重复，特征代号的字母，必要时可以选取汉语拼音的第二个或其后面的字母。

与主参数邻接的字母不得用“I”“O”，以免在零部件代号中与数字“1”“0”混淆。

为简化产品型号，在型号不重复的情况下，特征代号应尽量少，个别产品可以不加特征代号。

(6) 主参数代号：反映农机具主要技术特性或主要结构的参数，用数字表示。有多特征参数时，参数间用“-”隔开。

(7) 改进代号：改进产品的型号在原型号后加注字母 A、B、C、D 等依次表示，必要时加数字表示区别代号。

示例：2B-16B 播种机，表示 16 行播种机进行了第二次改进。

(8) 编制联合作业机具或多用途作业机具的型号时，应将其中主要作业机具的类别代号列于首位，其他作业机具的代号作为特征代号列于其后。

示例：播种施肥机型号为 2BF-16（B—播，F—肥，16—行数）

（9）产品型号在图样、技术文件、使用说明书、产品标牌上应完全一致。

## 第四节 内燃机产品名称和型号编制

2008 年 6 月 3 日发布，2009 年 1 月 1 日起实施的国家标准《内燃机产品名称和型号编制规则》（GB/T 725—2008），对内燃机产品的名称和型号编制做了具体规定。

（1）内燃机产品名称均按所采用的燃料命名，如柴油机、汽油机、煤气机、双（多种）燃料发动机等。

（2）内燃机型号由阿拉伯数字、汉语拼音字母和国际通用的英文缩略字母组成。

（3）内燃机型号编制规则。

内燃机的型号由四部分组成，表示方法如图 1-2 所示。

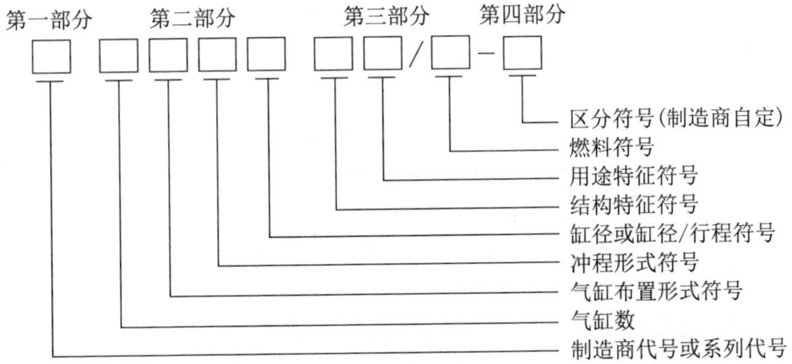


图 1-2 内燃机型号编制规则

第一部分——由制造商代号或系列代号组成，由制造商根据需要选择1～3个字母来表示。

第二部分——由缸数、气缸布置形式符号、冲程形式符号和缸径符号组成。

①气缸数用1～2位数字来表示。

②气缸布置型式符号按表1-2规定。

③冲程形式为四冲程时符号省略，为二冲程时用E表示。

④缸径符号一般用缸径或缸径/行程来表示，也可用发动机的排量或功率来表示，其单位由制造商自定。

第三部分——由结构特征符号、用途特征符号和燃料符号组成，分别见表1-3、表1-4和表1-5。

第四部分——区分符号。同一系列产品因改进等原因需要区分时，由制造厂选用适当符号表示。第三部分与第四部分可用“-”分隔。

**表1-2 气缸布置形式符号**

| 符号 | 含义 | 符号 | 含义 |
| --- | --- | --- | --- |
| 无符号 | 多缸直列及单缸 | H | H型 |
| V | V型 | X | X型 |
| P | 卧式 | | |

**表1-3 结构特征符号**

| 符号 | 结构特征 | 符号 | 结构特征 |
| --- | --- | --- | --- |
| 无符号 | 冷却液冷却 | Z | 增压 |
| F | 风冷 | ZL | 增压中冷 |
| N | 凝气冷却 | DZ | 可倒转 |
| S | 十字头式 | | |

表 1-4　用途特征符号

| 符号 | 用途 | 符号 | 用途 |
|---|---|---|---|
| 无符号 | 通用型及固定动力（或制造商自定） | D | 发电机组 |
| T | 拖拉机 | C | 船用主机（右机基本型） |
| M | 摩托车 | CZ | 船用主机（左机基本型） |
| G | 工程机械 | Y | 农用三轮车（或其他农用车） |
| Q | 汽车 | L | 林业机械 |
| J | 铁路机车 | | |

表 1-5　燃料符号

| 符号 | 含义 | 符号 | 含义 |
|---|---|---|---|
| 无符号 | 柴油 | T | 管道天然气 |
| P | 汽油 | CNG | 压缩天然气 |
| LPG | 液化石油气 | FME | 生物柴油 |

（4）内燃机型号示例：

①495A：四缸直列、四冲程、缸径为 95 mm、冷却液冷却、通用型柴油机，A 为系列产品改进型。

②165F：单缸、四冲程、缸径 65 mm、风冷、通用型柴油机。

③1E65F/P：单缸、二冲程、缸径 65 mm、风冷、通用型汽油机。

# 第二章　农业机械选购

## 第一节　农业机械选购原则

在选购农业机械时，应遵循以下原则：

1．适用原则

农业机械品种繁多，性能各异，购买前应尽可能收集有关机具的信息资料，以便进行比较。可从以下几个方面进行考察：

（1）机具的适用范围。包括机具的作业对象范围、适应的工作环境。例如，考察收获机械是否适于多种作物的收获；是适于水田作业还是适于旱地作业；若适用于水田，则对水田的泥脚深度有无特殊要求；等等。

（2）机具的技术性能。考察所选择机具的技术性能是否满足当地的农艺要求、适应当地的耕作习惯，能否保证作业质量，机具操作的难易程度如何。

（3）能源消耗和劳动力占用量。能源消耗是指完成规定的作业量所消耗的燃料、电力、水等；劳动力占用量是指完成规定作业所需要的人数和劳动强度。选购时，应考虑能源消耗低、劳动力占用量少、劳动强度小的机型。

2. 经济原则

（1）购机成本。完成同一农艺，达到同一作业要求，可以有多种型号的机具。同一机型也有多个生产厂家同时制造。如耕整地作业，可以先犁地、再整地，也可以犁、整地同时进行，还可以旋耕代替犁和耙。不同的机具价格不同，同一机型，不同的生产厂家其价格也有很大差异。购买农机具时，应仔细比较其性能和价格，尽量选择性价比高的农机具。

（2）农机具的运行成本。运行成本在农业机械作业过程中，占有相当大的比重，包括可变成本和不可变成本。不可变成本是指受国家法律法规约束、必须按规定支付的成本，如拖拉机的保险费、职工工资等。可变成本是指为确保机具运行，完成预期的工作任务必需的开支，其中一部分可以通过采取技术措施如节油驾驶等加以控制，而大部分可变成本则取决于机具本身的运行消耗（含以燃油税支付的公路养路费），以及机具的可靠性、耐久性和维修性。

3. 配套原则

购置新的机具，应考虑与现有机具配套，注意以下几点：

（1）购买拖拉机、内燃机等农业动力机械时，应考虑一机多用。如购买拖拉机，应考虑与整个农业生产过程中的犁、耙、播种机、中耕机、收割机等农机具配套；内燃机既可与抽水机、碾米机、场上作业机械配套，也可用作运输机械的动力。

（2）在农业生产的作业程序上，尽可能不与现有的机具相互交叉，不相互干涉。

（3）生产能力要大体一致或相容（成倍数关系），减少浪费。

（4）在选购农机具时，应考虑与现有动力机械配套，包括动力机械型式、功率、转速及安装挂接方式的配套。农机具最大的特点是季节性强，为节省投资，应尽量做到能使动力机械一机多用。

（5）考虑动力机械配套时，功率大小要协调，作业速度应与使用要求一致。与拖拉机匹配的农田作业机具，其挂接方式、挂接点的位置要能满足作业要求。

4. “三化”原则

机械产品动力参数系列化、零件标准化、通用化通称为“三化”。“三化”程度高的农机具产品，质量有保障，配件供应充分，维修网点多，配件及维修费用低。

5. 安全原则

包括机具本身的安全、操作人员人身安全及不对环境造成破坏。

机具本身的安全性是指农机具不会因过载、失电或其他偶然因素而损坏，应有完善的安全防护装置，如超载、失电保护器。

机具的操作安全性是指操作人员操纵机器时，不会因机器因素造成操作人员的人身伤害和过多体力与脑力损耗。购机时应检查机具外露旋转零件安全防护装置、过热部位防烫伤设施、翻车时人身保护装置、农药施撒机具防毒害设施等。机具操作力、操作过程复杂程度、操作件数目等是操作性能的具体体现。劳动强度过大，易导致操作人员疲劳。

6. 企业信誉原则

自从国家实行农机具购置补贴政策以来，国家、省、地市级的质量监督和试验检测部门已经形成了自上而下的管理体系，负责对农机产品的质量情况进行监督管理。农机具生产企业每年都要接受政府有关部门的委托，向广大农民用户推荐优质、可靠的农机具。政府相关部门有农机具生产和销售企业的新产品销售及售后服务信誉记录。

# 第二节　农业机械选购注意事项

选购农业机械时，应通过看、摸、试、听等方法对农业机械进行检查，以确保产品质量。

1. 看

通过眼睛观察，看清、认准以下内容：

（1）农业机械必须贴有菱形的“农业机械推广许可证”，或是由原农业部农业机械试验鉴定总站对生产企业的生产条件进行检查，对企业的技术文件进行审查，对企业产品进行质量检验合格后核发的农机产品质量认证（CAM）。没有农业机械推广许可证或农机产品质量认证（CAM）的产品，其质量无法得到保证。

（2）认准厂名、厂址和商标。

（3）看清生产日期。一是生产日期较近的产品，一般来说其技术更新、更先进；二是有些橡塑制品时间一长就会老化。选购时，应重点考虑选择生产日期较近的产品。

（4）观察农机具外表。看油漆是否美观，外表是否光洁、平整，有无砂眼、裂纹、毛刺、锈蚀、“三漏”等现象；看轮胎质量是否符合要求，有无鼓包、龟裂等现象；看零部件是否有缺损等情况。

2. 摸

通过触摸，检查表面是否光滑，焊接部位是否牢固，油缸、油封等有无渗漏现象；触摸轴承、制动部位等温升是否正常。

3. 试

选购农业机械尤其是拖拉机、内燃机等动力机械时，必须试车。通过试车，检查动力、传动、工作部件的质量和工作情况。试车时应注意以下几点：

（1）首先检查内燃机的启动性能、油门控制系统和内燃机的空运转。动力机械启动后应运转平稳，排气无色透明或淡灰色。

（2）检查操作部件如转向盘的自由行程和转向性能，制动系统的制动效能，液压系统的灵敏、可靠程度，工作部件的工作质量，信号、照明、警告装置的响应程度等。

4. 听

内燃机、拖拉机等农业机械在运转、行走时，注意用耳倾听包括动力、传动、工作、操作等部位有无卡滞、振动、摩擦、碰撞等异响。

5. 其他

（1）购买农业机械时应仔细检查验收随机附件、随机工具、易损零件、使用说明书、零件图册等，确认是否齐全。

（2）索取“一票二证”，一票即销售发票，二证是指产品合格证和“三包”凭证，这是实行原国家质监总局等四部门颁布的《农业机械产品修理、更换、退货责任规定》的重要凭证。

2. 伪劣农机产品的识别

（1）伪劣农机产品的主要特征

①伪劣农机产品一般技术文件资料不全，文件资料简单、不规范，不按规定内容编写，没有厂名、厂址或使用假厂名、假厂址。

②伪劣农机产品存在外观粗糙，包装简陋，用料质劣，图标、字体印刷模糊或不清晰，标色不规范等问题。

③伪劣农机产品一般使用不符合要求的材料生产，粗制滥造，有些甚至夹屑带刺，一些有棱边倒角的零配件棱角粗糙、崩缺，线性模糊、不连贯、不笔直；需要热处理的零配件没有进行热处理，硬度低，色泽浅，光洁度差；零配件不做防锈处理，锈蚀严重。

# 第三节　农业机械购置补贴

## 一、农机购置补贴范围、对象、标准

### 1. 农机购置补贴范围

根据原农业部、财政部有关政策规定，补贴的农业机械应符合国家农业产业政策、农业可持续发展和环境保护的要求，经农机鉴定机构检测合格。2014 年，中央确定财政资金补贴机具种类范围为：耕整地机械、种植施肥机械、田间管理机械、收获机械、收获后处理机械、农产品初加工机械、排灌机械、畜牧水产养殖机械、动力机械、农田基本建设机械、设施农业设备和其他机械等 12 大类 48 个小类 175 个品目机具。除上述 175 个品目外，各地可在 12 大类内自行增加不超过 30 个其他品目的机具列入中央资金补贴范围。

湖南省每年都在“湖南省农机购置补贴信息网”上公布当年补贴机具种类。

### 2. 农机购置补贴对象

补贴对象为纳入实施范围并符合补贴条件的农牧渔民、农场（林场）职工、农民合作社和从事农机作业的农业生产经营组织。

### 3. 农机购置补贴标准

农业机械实行定额补贴，同类同档次农业机械在省域范围内实行统一的补贴标准。通用类和部分非通用类农机产品最高补贴额由原农业部统一确定，其他非通用类和自选品目农机产品补贴额，按照“分档科学合理直观、定额就低不就高”的原则，以上年省级农机购置补贴信息系统数据为基础，按不超过近三年平均销售价格的30%测算，并参考产品出厂成本与比照相邻省份补贴额度确定。对水稻插秧机、水稻摆秧机和履带自走式旋耕机血防区补贴按销售价格的50%。一般机具单机补贴限额不超过5万元，烘干机单机补贴限额不超过12万元，水稻大型浸种催芽程控设备单机补贴限额不超过15万元。

## 二、农机购置补贴机具种类

1. 耕整地机械

耕整地补贴机械有2个小类9个品目。

（1）耕地机械：铧式犁（三铧犁及以上）、旋耕机、耕整机（水、旱田）（2.2 kW≤功率≤6 kW，除单轮耕整机外，含耕滚船、功率≤7.5 kW的多功能耕作机、功率≤7.5 kW的耕耘机）、微耕机（2.2 kW≤功率≤7.5 kW，含自走式且功率≤7.5 kW的开沟机）、田园管理机（2.2 kW≤功率≤7.5 kW）、机滚船、机耕船。

（2）整地机械：起垄机、灭茬机。

2. 种植施肥补贴机械

种植施肥补贴机械有4个小类12个品目。

（1）播种机械：条播机、穴播机、免耕播种机。

（2）育苗机械设备：秧盘播种成套设备（含床土处理）、种子处理设备（浮选、催芽、脱芒等）、营养钵压制机、其他育苗机械设备（机插秧盘）。

（3）栽植机械：油菜栽植机、水稻插秧机（含行距25 cm的插秧机）、水稻摆秧机。

（4）施肥机械：施肥机（化肥）、其他施肥机械（配肥机）。

3. 田间管理补贴机械

田间管理补贴机械有2小类3个品目。

（1）中耕机械：培土机。

（2）植保机械：烟雾机（含常温烟雾机、热烟雾机）和其他植保机械（超低空遥控飞行植保机）。

4. 收获补贴机械

收获补贴机械有 7 小类 11 个品目。

（1）谷物收获机械：自走轮式谷物联合收割机（全喂入）、自走履带式谷物联合收割机（全喂入）、半喂入联合收割机。

（2）玉米收获机械：自走式玉米收获机。

（3）棉麻作物收获机械：棉花收获机、麻类作物收获机（苎麻剥麻机）。

（4）花卉（茶叶）采收机械：采茶机。

（5）籽粒作物收获机械：油菜籽收获机、花生收获机。

（6）根茎作物收获机械：薯类收获机。

（7）茎秆收集处理机械：秸秆粉碎还田机。

5. 收获后处理补贴机械

收获后处理补贴机械有 1 小类 4 个品目：粮食烘干机、果蔬烘干机、油菜籽烘干机、热风炉。

6. 农产品初加工补贴机械

农产品初加工补贴机械有 5 个小类 13 个品目。

（1）碾米加工机械：碾米机（2.2 kW≤功率≤18 kW，具备砻碾功能）、碾米加工成套设备（7.5 kW≤功率≤22 kW）。

（2）磨粉（浆）机械：粉条（丝）加工机（自熟式米粉机）、粉条（丝）加工机（压面机）。

（3）榨油机械：螺旋榨油机、液压榨油机。

（4）果蔬加工机械：水果分级机、水果打蜡机、果蔬清洗机。

（5）茶叶加工机械：茶叶杀青机、茶叶揉捻机、茶叶炒（烘）

干机、其他茶叶加工机械。

7. 排灌补贴机械

排灌补贴机械有1个小类2个品目：水泵涵盖的离心泵（7.5 kW≤功率≤40 kW）和其他水泵（混流泵）（7.5 kW≤功率≤40 kW）。

8. 畜牧水产养殖补贴机械

畜牧水产养殖补贴机械有3个小类6个品目。

（1）饲料（草）加工机械设备：饲料搅拌机、颗粒饲料压制机和饲料加工成套设备。

（2）畜牧饲养机械：清粪机和其他畜牧饲养机械（猪场栏养组合设备）。

（3）畜产品采集加工机械设备：挤奶机。

9. 动力补贴机械

动力补贴机械有拖拉机1个小类5个品目：手扶拖拉机、轮式拖拉机（功率＜120马力）、轮式拖拉机（多用农田作业机）、履带式拖拉机（功率＜120马力）以及手扶拖拉机（配旋耕机）。

10. 农田基本建设补贴机械

农田基本建设补贴机械有3个小类4个品目。

（1）挖掘机械：农用挖掘机（功率≤50 kW）和挖坑机（功率≤50 kW）。

（2）平地机械：平地机。

（3）清淤机械：清淤机。

11. 设施农业装备补贴机械

设施农业装备补贴机械有2个小类2个品目。

（1）塑料大棚设施设备：大棚结构（限6 m×30 m和8 m×30 m成套，含骨架、覆膜、卡具）。

（2）连栋温室设施设备：连栋温室结构（标准棚，面积1 280 $m^2$，含基础、骨架、覆盖材料)。

12. 其他补贴机械

其他补贴机械有2个小类6个品目。

(1) 废弃物处理设备:固液分离机、其他废弃物处理设备(农用渣液吸运机)。

(2) 其他机械:山地果园轨道搬运机、秸秆气化设备、秸秆燃料致密成型设备(含压块、压棒、压粒等设备)、田间转运机。

# 第三章 农用动力机械使用与维护

## 第一节 柴油机使用与维护

### 一、柴油机的分类

柴油机按冲程可分为四冲程柴油机和二冲程柴油机；按用途可分为通用、农用、车用、船用柴油机等；按转速可分为低速、中速和高速柴油机；按冷却方式可分为水冷、风冷柴油机；按是否增压可分为增压、非增压柴油机；按缸数可分为单缸、多缸柴油机；按结构可分为立式、卧式柴油机。农用柴油机大多数为四冲程、非增压、水冷、中高速柴油机。

### 二、柴油机的基本构造

柴油机一般由以下 7 个部分组成。

1. 曲柄连杆机构和机体零件

曲柄连杆机构主要由活塞、连杆、曲轴和飞轮等组成。其功用是将活塞在气缸中的往复运动变为曲轴的旋转运动，输出动力（扭矩)；将曲轴的旋转运动变为活塞的往复运动，实现工作循环。

机体零件主要包括机体、气缸套、气缸盖和油底壳等，它们构成柴油机的骨架。

2. 换气系统

换气系统主要由空气滤清器，进、排气管道、配气机构和消声灭火器组成。其功用是定时吸进新鲜空气、排出废气，同时还具有滤清空气、消声灭火的作用。

3. 燃油供给系统

燃油供给系统主要由油箱、燃油滤清器、输油泵、喷油泵、调速器、喷油器及油管等组成。其功用是定时、定量向燃烧室喷射雾状柴油，同时根据柴油机工况自动调节供油量。

4. 润滑系统

润滑系统主要由油箱（油底壳）、机油泵、机油滤清器、限压阀、油压表、油道等组成。其功用是将机油送到各运动件摩擦表面，以减少运动件的磨损和摩擦阻力，并兼具冷却、密封、防锈等作用。

5. 冷却系统

冷却系统主要由水箱（散热器）、水泵、风扇、节温器、水道等组成。其功用是将受热零件的热量散发到大气中，使柴油机得到适度冷却，以保持柴油机在适宜的温度下工作。

6. 电气系统

电气系统主要由蓄电池、发电机、调压器、用电设备、电气线路、电流表等组成。其功用是提供柴油机启动、照明、信号等电源。蓄电池电压不足时，发电机向其充电。

7. 启动系统

分为手摇启动系统和电力启动系统两种。手摇启动系统一般设有减压装置；电力启动系统主要由蓄电池、电启动机、传动装置、控制电路等组成。其功用是使静止的柴油机启动运转。

## 三、柴油机的使用

### （一）柴油机安装注意事项

柴油机用作固定动力时，应注意以下几点：

（1）柴油机应安装在室内或棚内，四周有足够大的空间，以方便保养检修。

（2）柴油机用作碾米、磨粉动力时，应与工作机械隔离，防止粉尘吸入气缸。

（3）柴油机配有铸铁机座，可直接安装在水泥墩上。机座应用水平尺校平。

### （二）柴油机的启动

1. 启动前的准备工作

（1）外部检视。检查柴油机外部是否漏水、漏油等。如有，应找到原因并排除。

（2）检查皮带轮等处紧固件的紧固情况和发电机皮带的松紧度。

（3）检查机油油面。机油油面应处于下限和上限两条刻线之间。

（4）检查燃油箱油面。柴油加入油箱前，应经过至少 48 小时沉淀。

（5）检查冷却液。

2. 启动

（1）手摇启动。①将油门置于较大油门位置，打开油箱开关。②将减压手柄转至“减压”位置。③手摇启动柴油机。

(2) 电力启动。①将油门置于中速位置，打开油箱开关。②将点火开关旋至“启动”位置，电启动机带动柴油机曲轴旋转。一经启动，迅速放松点火开关使之弹回至“工作”位置。

**注意** 每次启动时间不得超过5秒。若一次不能启动，应间隔2分钟后再启动。柴油机启动后，应以小油门、空载低速预热5～10分钟。同时，检查机油压力表指示是否正常。

### （三）柴油机的运转

(1) 柴油机预热后，逐渐提高转速、增加负荷。

(2) 柴油机运转期间，应经常观察仪表读数是否正常。

①机油压力一般为196～392 kPa，怠速时不低于49 kPa。

②冷却水温75～90 ℃，不高于95 ℃。

③若电流表指针指向“+”，则表示发电机向蓄电池充电。

(3) 经常注意柴油机运转状况，如出现异响和排烟异常等情况，应停车检查，排除故障。

### （四）柴油机停车

(1) 卸掉柴油机所带的全部负荷。

(2) 调整油门，使柴油机转速逐渐降低，并低速运转数分钟。

(3) 扳动熄火杆，柴油机即可停车熄火。

(4) 关闭燃油箱开关。

(5) 冬季停车后应放尽冷却水，以免冻裂。

### （五）柴油机飞车时的紧急措施

柴油机在运转时，若因某种原因造成转速自动急剧增大，超过标定转速，无法控制，这种现象称为飞车。

发生飞车时，应果断采取以下紧急措施，使柴油机停止运转：

(1) 迅速将油门手柄（踏板）置于怠速位置。

(2) 迅速操作停车杆至不供油位置。

(3) 有减压装置的迅速将手柄置于减压位置。

（4）用衣服、毛巾等堵住进气道。

（5）迅速松开各高压油管接头，使高压柴油不再喷入气缸。

（6）拖拉机上的柴油机飞车时，可及时挂高挡，踩下制动踏板，慢放离合器踏板，强制熄火。

柴油机停车后，应认真查找原因，排除故障。

## 四、柴油机的维护保养

为提高柴油机工作可靠性和使用寿命，应按照使用说明书或保养手册要求，对柴油机进行合理的技术保养。

1. 日常保养

（1）检查机油量。

（2）清洁整机外部。若发现漏油、漏气现象，应予排除。

（3）检查各紧固件紧固情况。

（4）观察油箱油面，加足柴油。

（5）检查有无漏水，加足冷却水。

2. 100 小时保养

（1）做日常保养项目。

（2）检查紧固气缸盖螺母、连杆螺母、喷油泵紧固螺栓及日常保养中没有检查到的紧固件。

（3）检查和调整皮带张紧度，以从两皮带轮中间下压皮带，下沉量 15～20 mm 为宜。

（4）检查电路系统是否正常。

（5）更换机油。

（6）检查调整气门间隙。

（7）用清洁柴油清洗油箱、柴油滤芯、滤杯。

（8）检查、清洁空气滤清器。

# 第二节　电动机使用与维护

## 一、电动机的分类及主要技术参数

1. 电动机的分类

电动机种类繁多，根据电源不同可分为直流电动机和交流电动机。交流电动机又分为同步电动机和异步电动机。异步电动机又分为单向异步电动机和三相异步电动机。三相异步电动机又分为三相异步鼠笼式电动机和三相异步绕组式电动机。农用电动机主要是三相异步鼠笼式电动机。

2. 电动机的主要技术参数

(1) 额定功率 (kW)：额定工作状态时，电动机轴上输出的机械功率。

(2) 额定电压 (V)：额定工作状态时，电源供给定子绕组的线电压。

(3) 额定电流 (A)：额定工作状态时，电源供给定子绕组的线电流。

(4) 额定转速 (r/min)：额定工作状态时，电动机转轴的转速。

电动机铭牌上，除标明上述参数外，一般还要标明绕组的相数与接法（星形接法、三角接法）、绝缘等级及温升等。

## 二、三相异步电动机的结构

三相异步电动机由定子、转子、端盖及附件等组成。

1. 定子部分

定子是电动机固定部分，主要由定子铁芯、定子绕组和机座组成。其功用是产生磁场。

（1）定子铁芯。圆筒状，由硅钢片叠成，表面有均匀分布的槽，用来安放绕组。

（2）定子绕组。由许多线圈组成。

（3）机座。用来安放定子铁芯，支撑转子。

三相定子绕组的 3 个首端和 3 个末端分别接在电动机出线盒的 6 个接线柱上。

2. 转子部分

主要由转子绕组、转子铁芯、转子轴、风扇等组成。转子分为鼠笼式和绕线式两种。其功用是在旋转磁场作用下获得转动力矩。

## 三、三相异步电动机的接线

1. 电动机接线方式的确定

确定接线方式的原则是使电动机能在额定电压下工作。

电动机铭牌上都标明了额定电压和接线方式。额定电压有两种：一种是 220/380 V、△/Y 接法；另一种是 380 V、△接法。

对于 220/380 V、△/Y 接法的电动机，在电源电压为 220 V 的地区，只能用△接法；在电源电压为 380V 的地区，只能用 Y 接法。

380 V、△接法的电动机，则只能使用 380 V 电源，采用△接法。

2. 电动机的接线

电动机的三相绕组共有 6 个接头，在接线盒的 6 个接线柱上标注有符号 $U_1$、$V_1$、$W_1$ 和 $U_2$、$V_2$、$W_2$，分别表示第一、二、三相绕组的头和尾。

将三相绕组的尾 $U_2$、$V_2$、$W_2$ 接在一起，三相绕组的头 $U_1$、$V_1$、$W_1$ 接电源，则为 Y 形接法。

将 $U_1$ 和 $W_2$ 接在一起，$V_1$ 和 $U_2$ 接在一起，$W_1$ 和 $V_2$ 接在一起，$U_1$、$V_1$、$W_1$ 接电源，则为△形接法。

## 四、电动机的启动、运行与维护

### 1. 电动机的启动

根据加在定子绕组上的电压不同，可分为全压启动和降压启动。

（1）全压启动

全压启动即直接启动，启动时用闸刀开关、电磁启动器或交流接触器将电动机定子绕组直接接到电源上。其特点是设备简单、操作简便，但启动电流较大。

一般 10 kW 以下的电动机都可以直接启动。

（2）降压启动

降压启动是指电动机在启动时降低加在定子绕组上的电压，启动结束时加额定电压运行的启动方式。常用的降压启动方式有自耦变压器降压启动和星形-三角形（Y-△）降压启动。采用这两种启动方式时，先接通电源，将启动器上的手柄扳至“启动”位置，待电动机转速升到一定程度后，再将手柄扳至“运行”位置，电动机即在额定电压下运行。

### 2. 电动机运行注意事项

（1）检查电动机温度，防止温度过高烧坏电动机。

（2）观察电动机的电流，防止因电流过大导致温度过高。

（3）注意电源电压波动，电压过高或过低都会损坏电动机。农用电动机的工作电压允许在额定电压的－10％～＋5％之间变化。

(4) 电动机工作时如有振动、响声和异味，应立即停机检查。

(5) 检查电动机传动装置的工作状况。

3. 电动机的维护

按规定维护电动机，可以确保电动机安全运行，延长使用寿命。

工作环境恶劣的电动机1年应维护2～3次。主要维护项目有：

(1) 清除电动机外壳的灰尘等污物。

(2) 检查电动机接线盒压线螺钉是否松动或烧坏。

(3) 检查电动机接地线是否腐蚀或松动、断线。

(4) 定期检查轴承润滑情况，及时补充或更换润滑脂。轴承损坏应及时更换。

(5) 用兆欧表检查绕组的接地绝缘电阻和相间电阻。

(6) 检查闸刀开关及启动设备，触点和导线接头处有无腐蚀或烧坏现象。

# 第三节　拖拉机使用与维护

拖拉机是用于牵引和驱动作业机械完成各项移动式作业的自走式动力机械，也可用作固定作业动力。其种类较多，按结构特点可分为轮式拖拉机、履带式拖拉机、手扶拖拉机等；按功率大小可分为大型拖拉机（36.75 kW以上）、中型拖拉机（14.7～36.75 kW）和小型拖拉机（14.7 kW以下）。

## 一、拖拉机的组成及其功用

拖拉机主要由发动机、底盘和电气设备三大部分组成。

1. 发动机

发动机是拖拉机的动力装置，为拖拉机提供动力。

2. 底盘

底盘是拖拉机上除发动机和电气设备外的所有装置的总称，包括传动系统、行走系统、转向系统、制动系统和工作装置。

（1）传动系统

①轮式拖拉机的传动系统包括离合器、变速器、后桥（中央传动、差速器、最终传动）。其动力传动路线是：发动机→离合器→变速器→后桥→驱动轮。

②手扶拖拉机的传动系统包括三角皮带传动、离合器、链传动、变速器、中央传动、最终传动等。其动力传动路线是：发动机→三角皮带传动→离合器→链传动→变速器→中央传动→转向离合器→最终传动→驱动轮。

传动系统的功用是将发动机的动力传递到驱动轮上。根据工作需要，还可以将一部分动力通过动力输出轴，传递到作业机具上。

（2）行走系统

轮式拖拉机的行走系统一般由车架、车轿、车轮和悬架组成。

行走系统的功用是通过驱动轮与路面间的附着作用，将发动机经传动系统传来的转矩，转变为拖拉机工作时所需要的驱动力；承受拖拉机的全部重量；缓和各种冲击和振动；与转向系统协调配合，控制拖拉机的行驶方向。

（3）转向系统

转向系统主要由转向操纵机构、转向器和转向传动机构组成。

转向系统的功用是控制和改变拖拉机的行驶方向，以保证拖拉机正常工作。

（4）制动系统

制动系统主要由制动器和传动机构组成。其功用是使拖拉机在行驶中迅速减速或紧急停车，保证拖拉机能在坡地上停车，或在田间作业时进行单边制动，辅助拖拉机转向，配合离合器，确保安全而可靠地挂接农机具。

（5）工作装置

工作装置用于牵引、悬挂农具或向作业机具输出动力，以便完成田间作业、运输作业或农产品加工等固定场所的作业。工作装置包括动力输出装置、液压悬挂装置和牵引装置。有的拖拉机没有动力输出装置。

3. 电气设备

电气设备主要用于照明、信号和发动机启动等，由发电设备、用电设备和配电设备 3 部分组成。

## 二、拖拉机的磨合

### （一）磨合的目的

新的或大修后的拖拉机，在正式投入使用前，应在规定的润滑、转速、负荷条件下运转一定时间，同时，进行必要的检查、调整、润滑等，使其技术状态达到正常。这一系列的工作称为磨合。其目的是：

（1）各配合零件虽经精密加工，但其表面留有一定的刀痕，存在微观不平。零件相互配合时，仅仅是凸起部分接触，配合表面的实际承载面积远远小于设计面积，各接触点所受的力比正常工作时要大得多。同时，在压力作用下，凹凸不平的部分相互嵌合，运转时工作阻力大，如果立即满负荷工作，将造成局部高温、过载，润滑油膜遭到破坏，使零件表面产生拉伤、划痕、烧伤等损坏现象。在良好的润滑和冷却条件下，转速由低到高，负荷从小到大进行磨合，使零件摩擦表面凸起部分逐渐磨平，形成良好的能承载全负荷的光滑支承面，从而达到良好的配合，为拖拉机正常使用和延长使用寿命打下好的基础。

（2）磨合时可以发现和排除制造、装配和修理过程中可能存在的缺陷，以提高机器的可靠性。

（3）磨合时可以及时发现机器的某些连接件和传动件在负荷工作后可能产生的初始松动或变形，以便进行紧固和调整，保证正常工作。

（4）磨合时可以对各机构进行调整，使其协调工作，达到最好的动力性和经济性。

### （二）磨合前的检查与准备工作

新的或大修后的拖拉机，虽经厂方检验部门按标准进行过检查，但由于停放时间较长或运输等其他原因，可能存在某些缺陷。为了磨合的正常进行，磨合前应做如下检查和准备工作：

（1）认真阅读《使用说明书》，学习有关磨合的知识，并确定磨合方案。

（2）清除机器外表的灰尘和污物。

（3）检查机器各部位是否完整无缺，必要时予以补装或修复。

（4）检查机器各部位的紧固情况，特别应注意检查转向、制动等有关部位。必要时予以紧固。

（5）按《使用说明书》上的润滑表，向各润滑点加注符合要求的润滑油或润滑脂，并检查油面高度。

（6）加足燃油、制动液和冷却液。

（7）检查散热器及其连接部位、供油系统、油底壳等部位是否有渗漏现象。

（8）检查蓄电池液面高度是否符合标准要求。

（9）检查灯光、喇叭、仪表、信号装置及刮雨器的工作情况是否正常。

（10）检查轮胎气压是否符合要求，必要时予以充气。

（11）检查各操纵杆、制动及转向机构是否灵活可靠，必要时予以调整。

（12）在减压状态下，摇转发动机曲轴，检查发动机是否灵活，并使润滑油到达压力润滑的摩擦表面。然后将驱动轮支离地面，挂上前进挡和动力输出挡（带农机具的拖拉机），摇转发动机曲轴，检查传动系统、驱动轮和犁刀是否正常运转。

## （三）磨合规范

各种型号的拖拉机因零件材料、制造质量、运动速度、负荷大小等因素不同而有不同的磨合要求。按规定的时间、速度和负荷范围，以及检查保养部位和方法进行磨合。这些规定的内容和方法称为磨合规范。使用者应严格按照制造厂《使用说明书》磨合规范进行磨合，以下各种数据仅作参考。

### 1. 发动机无负荷磨合

发动机无负荷磨合，常称之为发动机空转，即启动发动机空转预热。在运转过程中，应仔细检查发动机的工作情况，排气颜色如何，机油压力是否正常，有无异常声响及漏油漏水现象，并倾听发动机是否有不正常的声音等。如发现有不正常情况，应查明原因，予以排除。

发动机无负荷磨合的速度和时间，可参照表 3-1 所示。

**表 3-1　发动机无负荷磨合规范**

| 机型 | 转速/(转/分) | 运转时间/分 |
|---|---|---|
| 湖南-12 | 500～600 | 5 |
| | 逐渐增到标定转速 | 15 |

### 2. 拖拉机无负荷磨合

拖拉机无负荷磨合，常称之为拖拉机空驶。进行发动机无负荷磨合后，就可以进行拖拉机无负荷磨合。即利用传动系统本身的运动阻力，对传动系统齿轮、轴承等进行轻负荷磨合。磨合时应注意以下几点：

（1）磨合期内不要猛轰发动机，待发动机空转预热到 40 ℃后才能进行拖拉机无负荷磨合。

（2）磨合期内必须在平坦良好的路面上行驶。

（3）在拖拉机无负荷磨合中要注意检查以下各项，如发现故障应予以排除。

①仔细倾听、观察和检查发动机、传动系统、制动系统、行走系统及各操纵机构的工作情况，特别注意观察发动机润滑油压力、冷却水温度，检查变速箱、后桥、轮毂及制动鼓的温度。

②检查和调整离合器，达到分离彻底，接合正常。

③检查换挡是否轻便，锁定装置是否正常。

④进行左右转弯，检查转向机构是否灵活可靠。

⑤经常检查并紧固各紧固件。

⑥在平直的路面上进行紧急制动，检查制动器的工作是否可靠。

拖拉机无负荷磨合规范，可参照表 3-2 所示。

**表 3-2　拖拉机无负荷磨合规范**

<table>
<tr><th rowspan="3">机型</th><th colspan="9">各挡空驶时间/小时</th></tr>
<tr><th colspan="4">低挡</th><th colspan="4">高挡</th><th rowspan="2">合计</th></tr>
<tr><th>一</th><th>二</th><th>三</th><th>倒</th><th>一</th><th>二</th><th>三</th><th>倒</th></tr>
<tr><td>湖南-12</td><td>1</td><td>1</td><td>1</td><td>0.5</td><td>1</td><td>0.5</td><td>0.5</td><td>0.5</td><td>6 小时</td></tr>
</table>

3. 拖拉机负荷磨合

拖拉机负荷磨合，是拖拉机磨合的主要阶段，需要逐步增加拖拉机的负荷，并在每一种负荷下按排挡顺序进行磨合。

拖拉机负荷磨合规范参照表 3-3 所示。

拖拉机负荷磨合过程中也应进行无负荷磨合时的各项检查、紧固等工作。

表 3-3 拖拉机负荷磨合规范

| 机型 | 负荷程度 | 各挡空驶时间/小时 | | | | | | | | |
|---|---|---|---|---|---|---|---|---|---|---|
| | | 低挡 | | | | 高挡 | | | | 合计 |
| | | 一 | 二 | 三 | 倒 | 一 | 二 | 三 | 倒 | |
| 湖南-12 | 1/2 负荷 | 4 | 4 | 4 | 1 | 4 | 2 | 2 | 1 | 22 |

## (四) 磨合后的工作

拖拉机负荷磨合结束后，润滑油中积聚了相当多的金属磨屑，需要立即更换润滑油和清洗润滑系统，否则会引起零部件的严重磨损和卡滞。同时，经过一段时间的工作，有些部件连接会松动，必须及时进行下列保养：

（1）磨合结束，趁热放出变速箱、后桥及最终传动等部位的润滑油，加入适量清洁柴油，用低速、低挡开动拖拉机前进和后退 5 分钟，进行清洗，然后放尽柴油，注入规定牌号的新的润滑油。

（2）更换发动机机油，清洗或更换机油滤清器滤芯，清洗柴油滤清器。

（3）按规定向各润滑点加注润滑脂。

（4）用扭力扳手按规定紧固气缸盖螺母，并检查气门间隙和减压值。

（5）更换冷却水，并冲洗冷却系统。

（6）检查并调整发动机风扇传动带的松紧度。

（7）紧固前、后悬架的 U 形螺栓紧固螺母。

（8）按规定力矩，检查并紧固转向机构各接头处的紧固螺母、制动盘固定螺母、发动机变速箱与车架的连接螺栓、轮毂与半轴驱动法兰的连接螺栓、转向器固定螺栓、半轴壳与后桥连接螺栓等，检查并紧固其他部位的螺栓。

磨合情况及所发生的故障，应记入机车技术档案，确认技术状态良好，方可投入正常使用。不宜立即转入满负荷工作，头几个班次以 80%的负荷工作较为适当。

## 三、拖拉机的技术保养

### （一）技术保养的分类与保养周期

拖拉机在工作时，不可避免地会出现连接件松动、零件磨损、配合间隙增大、滤芯阻塞等现象，使机车技术状态变坏，引起发动机功率下降、工作效率降低、耗油量增加、故障率上升，甚至引起严重的事故。

为了使拖拉机经常处于良好的技术状态，应该采取“预防为主”的方针，认真地做好机车的技术保养工作。所谓技术保养，就是经常和定期地对拖拉机各部分进行系统的检查、清洁、润滑、紧固、调整以及更换某些已损零件。实践证明：及时、正确地进行技术保养，能够有效地预防机车的早期磨损，使拖拉机故障少、效率高、成本低、完成任务好、使用寿命长、大修间隔长，为拖拉机高效、优质、低耗、安全地进行生产提供了保障。

技术保养分为每班保养、一级保养、二级保养、三级保养和换季保养。两次同号保养之间的工作时间（或里程、燃油消耗）间隔称为保养周期。拖拉机的保养周期一般按工作时间或发动机燃油消耗量来计算。

### （二）技术保养的内容

技术保养的内容包括清洁、检查、调整、紧固、更换等，各号保养的具体内容详见各机型《保养手册》。

## 四、拖拉机使用注意事项

（1）新的或大修后的拖拉机必须按照规定进行磨合。

（2）拖拉机行驶前应检查冷却液、机油和燃油。

（3）拖拉机行驶前还要检查轮胎气压是否正常。

（4）启动发动机前，确保拖拉机各变速杆在空挡位置，动力输出操纵杆和前驱动手柄置于分离状态，提升器操作手柄置于中立位置。

（5）拖拉机行驶中，不得将脚放在离合器踏板上，不允许用半接合离合器来降低拖拉机速度。

（6）使用动力输出轴驱动农具前，应检查农具与拖拉机的匹配。耕作时应使动力输出轴与万向节传动轴的夹角为15°。

（7）拖拉机配带农具进行道路转移时，应将悬挂装置上的拉杆调整到最短，确保安全。

（8）对拖拉机进行保养、检修时，应先将发动机熄火。

（9）空气滤清器、机油滤清器、燃油滤清器要按照规定清洗或更换。

（10）每个班次检查、紧固关键部位螺栓。

# 第四章　联合收割机使用与维护

## 第一节　常用联合收割机简介

联合收割机，就是收割农作物的联合机，能够一次完成谷类作物的收割、脱粒、分离茎秆、清除杂余物等工序，从田间直接获取谷粒的收获机械。按其结构和工作特点，可分为全喂入式和半喂入式；按其行走方式，可分为车轮自走式和履带自走式等。根据南方田间作业的特点，本书以履带自走式全喂入收割机（图 4-1）为例介绍其使用和维护方法。

图 4-1　履带自走式全喂入收割机

# 第二节 收割机的使用方法

## 一、联合收割机出车前检查

1. 机器技术状态的检查

(1) 检查各操纵装置的功能是否正常，离合器、制动踏板自由行程是否适当，发动机机油、冷却液是否适量。

(2) 检查履带是否松动或损伤。

(3) 检查仪表板指示灯、转速表的指示是否正常，喇叭是否鸣响，照明灯能否照明。

(4) 检查驱动轮、脱粒滚筒等重要部位的螺栓、螺母有无松动，软管、电线包皮是否破损，有无漏水漏油现象。

(5) 检查割刀、脱粒齿、凹板筛网、切草机刀口等重要部件是否有严重的磨损或破损，间隙是否适当。

(6) 检查分禾器、扶禾器（半喂入式）、拨禾轮（全喂入式）、割台机架等部件有无变形。

(7) 检查各传动皮带传动链、张紧轮是否松动或损伤，运动是否灵活可靠。

(8) 检查发动机有无异响，排气烟色是否正常。

2. 随车装备的检查

(1) 检查是否配备了足够的油料，是否配备了拨指、刀片、铆钉、易损皮带等常用配件。

(2) 检查是否配备了皮尺、扳手、钳子、锤子、毛刷等常用的工具，是否携带了机器使用技术资料、工作日记本、毛巾、口罩及有关证件等。

## 二、联合收割机试割前调整

联合收割机进行正常作业之前，必须根据作物状况，对机器的作业性能进行调试。全喂入联合收割机的调试项目有拨禾轮的调整、脱粒装置的调整、清选装置的调整、割茬高低的调整和行走速度的调整。

1. 拨禾轮的调整

拨禾轮的位置应根据作物的高低进行调整，如位置调整不正确，会给收获造成损失或做无用功。

（1）拨禾轮高低的调整。在收割直立作物时，拨禾轮的弹齿或压板应作用在被割作物高度的 2/3 处。这样，已割作物才不至于被拨禾轮扬起，抛在割台外或缠绕在拨禾轮上。收割高秆作物时，拨禾轮的位置应高些；收割低矮作物时，拨禾轮的位置应低些，但不能使拨禾轮碰到割刀或割台搅龙。

（2）拨禾轮前后的调整。拨禾轮与切割器、割台搅龙是相互配合工作的。拨禾轮往前调，拨禾作用增强，铺放作用减弱；拨禾轮往后调，作用相反。一般要求拨禾轮在不与割台搅龙相碰的情况下，使拨禾轮轴位于割刀的稍前方。当其调到最后位置时，要求拨禾轮弹齿与割台搅龙间距不小于 20 毫米。

（3）拨禾轮弹齿倾角的调整。当收获直立或轻微倒伏的作物时，拨禾轮弹齿一般垂直向下或向前倾斜 15°左右，以减少弹齿对作物穗头的打击，降低割台损失。当收割倒伏作物时，拨禾轮弹齿应向后倾斜 15°～30°，以增强扶起作物的能力。

（4）拨禾轮转速的调整。拨禾轮转速一般用无级变速轮来调节。转速过高，压板会打掉籽粒，使割台损失增加；转速过低，压板不能有效地将作物拨向切割器。收割一般作物，拨禾轮的圆周速度与机器的前进速度相当；收割植株高、密度大的作物，拨禾轮圆周速度应略小于机器的前进速度，以减少拨禾轮的打击；收割低矮、稀疏的作物，拨禾轮的圆周速度应稍大于机器的前进速度，减少已割作物在割台台面上的堆积。

2．脱粒装置的调整

影响脱粒分离质量的因素主要有滚筒转速、脱粒间隙等。不同种类的作物脱粒时，滚筒转速、脱粒间隙不同。即使是同一作物，由于成熟程度、潮湿程度的差异，滚筒与凹板的配置以及有关参数也不尽相同。一般原则是在脱净的前提下，尽量选择低转速。转速高时，籽粒破碎的量将增加。对于湿度大、成熟度不够的品种，要求适当增大滚筒转速，反之，则应降低滚筒转速。脱粒间隙的大小，也与作物品种、成熟程度、潮湿程度等有关。脱粒间隙越小，脱净率愈高，但会使籽粒破碎增加，且滚筒容易堵塞。一般要求是在脱净的前提下，尽量使脱粒间隙大些。在收获成熟度和潮湿度正常的麦类作物时，凹板入口处的间隙为 16 毫米左右，出口处的间隙为 6 毫米左右。在收获潮湿和难脱作物时，脱粒间隙应小些。

3．清选装置的调整

（1）送风量的调整。若粮食的清洁度差，粮中有糠，说明风量过小；若颖糠中有籽粒，说明风量过大。一般收获籽粒大的作物，或潮湿、杂草多、成熟度差的作物，送风量应大些；相反，送风量应小些。因此，收获的早期以及早晨和晚上的收割，要比收获的晚期以及中午收割的风量大些。

（2）清选室上下筛的调整。清选室上下筛的调整包括上下筛倾角的调整（部分机型不可调）及筛片开度的调整。上下筛倾斜度过大，粮食清洁度降低；倾斜度过小就容易从筛面跑粮，使损失增大。上下筛开度过大，则增加杂余搅龙的工作负荷，容易造成堵塞；开度过小，没有脱净的穗头会从上筛后部的尾筛上跑掉。筛片开度合适的标志是筛片无堆积、无跑出杂余。

4. 割茬高低的调整

割茬的高低，不仅影响作业的质量、生产效率，而且与随后的土地耕翻质量有较大关系。割茬高有利于提高生产效率，减轻滚筒等工作部件的负荷，但不利于以后的翻耕。割茬过低，割刀容易“吃泥土”，使割刀损坏，同时使生产效率降低，滚筒等工作部件的负荷增加。全喂入联合收割机一般割茬高度的选择范围为10～15厘米。当地块不平、杂草多、密度大、湿度大时，割茬应留高些。收获倒伏作物时，割茬应低些。割茬的高低通过升降割台来实现。

5. 行走速度的调整

行走速度选择的原则是在保证收获质量的前提下，争取最大的生产效率。为了使联合收割机在额定喂入量下连续工作，需要按照作物的品种、单位面积产量、成熟程度、干湿程度等，选择合适的作业速度。对于产量高、成熟度差、秆长的作物可选用低速挡工作；反之，可适当提高作业速度。在收割倒伏作物时，除尽可能降低割茬高度外，还要降低行走速度。

## 三、联合收割机的试割

1. 试割

（1）将联合收割机开到距待收作物一定距离处停下，在出粮口挂好接粮袋（有集粮箱时则不需要）。

（2）在发动机低速运转下，平稳地接合工作部件离合器，使工作部件慢速转动，并将割台降到预计的割茬高度。如果各个部分运转正常，则逐渐将油门加到最大，使发动机转速达到标定转速。

（3）踏下离合器踏板，切断行走离合器动力，将变速箱变速杆放到低挡位置，然后平稳地接合离合器，联合收割机前进即开始收割作物。收割10～20米后，分离行走离合器，联合收割机停止前进收割，但发动机仍应保持大油门运转10～20秒。等到已割的作物全部通过机器脱粒清选系统后，再减小油门，降低发动机转速，分离工作部件离合器，使各工作部件停止运动，变速箱挂空挡，然后关闭发动机。

2. 试割后的检查

（1）检查联合收割机作业质量。主要检查粮箱内粮食的清洁度（或含杂率）、籽粒破碎率、排草口作物的脱净率、排杂口籽粒清选损失率、割茬高度等。各项指标应符合使用说明书或有关规定的要求。如不符合，必须对有关部分进行调整。

（2）检查联合收割机是否存在故障。重点检查各部件的紧固情况，各润滑部位（轴承）的温度是否正常，各传动带或传动链条的张紧度是否适当。

对联合收割机进行调整后，再次进行试割，再次检查作业质量，直到符合要求为止。在机器试割过程中，要注意观察各工作部件工作情况，特别是要查看割刀切割是否正常，割台上的作物拨送喂入是否均匀、流畅，各传动系统工作是否平稳，机器工作声音是否正常，有没有异常气味。试割完成后，机器便可投入正常作业了。

## 四、联合收割机操作注意事项

（1）联合收割机作业过程中，应尽量走直线，并保持油门稳定，不允许用减小油门的方法降低联合收割机的行走速度。如感到机器负荷较重时，可以踏下离合器切断行走动力，让联合收割机把进入机器的谷物处理完毕，或负荷正常后再继续前进。

（2）机器收割到地头后，应提升割台，转动方向盘使机器转弯。地头转弯时，虽割刀已不切割作物，但发动机仍应保持大油门运转10～20秒，然后才能减小油门慢慢转弯。

（3）田块作物全部收割完后，先慢慢降低发动机转速，再分离工作部件离合器。

（4）在作业时，驾驶员不但要操作机器，而且要做到“眼观六路，耳听八方”。要做到“六看、二听、一闻、三不割”。“六看”：一看前方有无障碍物；二看割台作物喂入输送是否均匀流畅；三看割茬高低；四看粮仓来粮情况；五看尾部出秸秆情况；六看仪表指示是否正常。“二听”：一听发动机声音是否正常；二听割台、脱粒清选部件运转声音是否正常。“一闻”：注意有无传动皮带因打滑产生高温而发出的气味。“三不割”：露水太大时不割，脱粒不净不割，清选不净不割。

# 第三节 收割机的维护与常见故障排除

## 一、联合收割机的维护作业

### 1. 联合收割机田间作业前的保养工作

（1）收割机发动之前，首先检查动力部件有没有机油、柴油、水，再检查蓄电池是否充足电，查看线路是否良好，按照说明书要求加满油、水，充好电，再检查皮带及其链条的松紧程度，必要时按说明书要求进行调整。

（2）割台部分要注意切割器、动刀杆头联接螺栓是否松动，动刀与定刀之间的间隙是否过大，易磨损的地方要按规定添加润滑油。

(3) 打开脱粒部分后盖，检查脱粒齿杆有没有磨损过度，搅龙是否有异物堵塞，筛网是否破损。如发现问题，应及时进行清理、维修。

(4) 检查底盘时，首先用千斤顶支起车身，查看履带的松紧程度，用手摆动驱动轮等轮子，看间隙是否过大，必要时按说明书进行调整、维修。各个润滑部分要按说明书规定进行润滑。做好以上工作后，可以进行原地发动，无负荷运转2～5分钟，收割机在运行过程中无异常，即可进行田间作业。如有异常，应立即关闭发动机，仔细检查，发现故障，及时修理，一直到可以正常运转使用为止。

2. 联合收割机在田间作业中的保养工作

(1) 各磨损部位应按说明书规定要求进行润滑，特别是切割器动刀与定刀处，应2～3小时添加一次润滑油。

(2) 在作业过程中出现异常，应立即关闭发动机，检查出现异常的地方。堵塞的地方要及时清理，破损的地方要及时更换，不能抱着能拖就拖的心理，继续蛮干，引起其他好的零部件发生破损。

(3) 在使用过程中，要经常检查油、水是否符合要求，不足时应及时添加。

3. 联合收割机田间作业后的保养工作

(1) 将机器内外的泥土、碎秸秆、籽粒等杂物清理干净，并用自来水冲洗干净，晾干后开进机库。

(2) 卸下全部三角胶带，擦干净后，系上标签，挂在机库内墙壁上，卸下链条，放入柴油中清洗干净，涂上机油或黄油，存放在通风干燥处。

（3）全面检查机器易磨损件。如搅龙伸缩杆套、动刀片与定刀片等，发现过度磨损、变形、损坏时，应进行修复或更换。

（4）向各传动轴承加注黄油，对摩擦部位，如拨禾轮、搅龙伸缩杆套，张紧螺杆等，要涂上机油或黄油，防止锈蚀，对生锈的外露件和油漆已磨掉的地方要除锈后重新涂油漆。

（5）用木头或砖块将联合收割机垫起，使履带离开地面，把割台、拨禾轮降到最低位置，平稳放置在垫木上。

## 二、联合收割机常见故障排除

1. 割刀堵塞

（1）故障原因：定刀片与动刀片之间的间隙过大；刀片和护刃器损坏；割茬过低，割刀上壅土；割到铁丝、木棍等硬质杂物；作物太湿；传动皮带打滑。

（2）排除方法：调小定刀片与动刀片之间的间隙；更换刀片或修理护刃器；提高割茬高度；清除硬质杂物；适时收割；张紧传动皮带。

2. 割台前部堆积谷物

（1）故障原因：作物太矮，割下作物短而稀少；拨禾轮偏前偏高，不能有效地将作物拨向搅龙；拨禾轮转速太低；割台搅龙与割台底板间隙过小或过大。

（2）排除方法：降低割茬高度；调整拨禾轮（注意拨齿不要与搅龙叶片相碰）；提高拨禾轮转速；按要求调整割台搅龙与割台底板之间的间隙。

3. 割台搅龙堵塞

（1）故障原因：作物太矮或割茬过高，导致喂入不均匀；作物产量高，喂入量大；割台底板变形或割台搅龙安装不当，导致割台搅龙与割台底板间隙不对；喂入口集谷太多；皮带打滑。

（2）排除方法：降低割茬高度，适当降低拨禾轮；降低前进速度，提高割茬高度，减小割幅；校正割台底板或重新调整割台搅龙与割台底板的间隙；清理积谷；张紧传动皮带。

4. 割下的作物向前倾倒

（1）故障原因：收割机前进速度与拨禾轮转速配合不协调，收割机前进速度偏高，拨禾轮转速偏低；切割器壅土或切割器不能正常工作。

（2）排除方法：降低前进速度，提高拨禾轮转速使之协调；清除壅土或检修切割器。

5. 拨禾损失过大

（1）故障原因：拨禾轮转速太高，打击次数多；拨禾轮位置偏前，打击强度高；拨禾轮位置偏高，打击穗头。

（2）排除方法：降低转速；后移拨禾轮；降低拨禾轮的位置。

6. 脱粒清选时滚筒堵塞

（1）故障原因：滚筒传动皮带松动使滚筒转速降低，或原来调整得偏低；喂入量偏大；作物潮湿，茎秆韧性较强；发动机转速未达到标定转速。

（2）排除方法：首先关闭发动机，清除阻塞茎秆，然后针对故障原因，检查皮带松紧度和滚筒转速，使皮带松紧度和滚筒转速符合要求；降低前进速度，或提高割茬，或减少割幅，以减少喂入量；适当延迟收割或降低喂入量；将油门拉到位，使发动机达到标定转速。

7. 滚筒脱粒不净

（1）故障原因：脱粒间隙过大；滚筒转速不够；喂入量偏大或

喂入不匀；纹杆或钉齿磨损、损坏；凹板栅条变形。

（2）排除方法：减小凹板出口间隙；提高滚筒转速；降低收割机前进速度或减少割幅；更换纹杆或钉齿；更换、修复凹板栅条。

8．籽粒破碎率高

（1）故障原因：滚筒转速过高；脱粒间隙过小；复脱器复脱作用过强；籽粒进入杂余搅龙过多。

（2）排除方法：降低滚筒转速；调大脱粒间隙；适当减少复脱器的搓板数；适当减小风扇的进风量，开大筛前段开度，以减少进入杂余搅龙的数量。

9．滚筒室中有异响

（1）故障原因：滚筒内进入硬质异物；螺钉脱落或纹杆、钉齿损坏；滚筒变形或不平衡；滚筒轴向窜动；轴承损坏。

（2）排除方法：排除滚筒室异物；更换螺钉、纹杆或钉齿；修复变形，重作滚筒平衡；调整并紧固螺钉，消除轴向窜动；更换损坏的轴承。

10．清选损失偏多

（1）故障原因：筛片开度偏小；风扇的风量偏大或偏小；喂入量过大；滚筒转速太高，清选负荷过大。

（2）排除方法：调大筛片开度；调整调风板开度，使风量适度；降低收割机前进速度；提高割茬，以减小喂入量；降低滚筒转速，减轻清选负荷。

11．籽粒清洁度低，粮中含杂率偏高

（1）故障原因：上筛前段筛片开度偏大；风量偏小。

（2）排除方法：调小筛片开度；适当加大调风板开度。

12. 茎秆中夹带籽粒太多

（1）故障原因 ：凹板筛下部堵塞；脱粒清选部件转速低；作物过于潮湿或杂草过多，喂入量太大。

（2）排除方法：清理凹板筛下部堵塞物；检查发动机转速及脱粒清选皮带的松紧度；减少喂入量。

# 第五章 插秧机使用与维护

## 第一节 插秧机简介

### 一、机动水稻插秧机的类型

机动水稻插秧机的品种很多，常按以下方式分类，如图 5-1 所示。

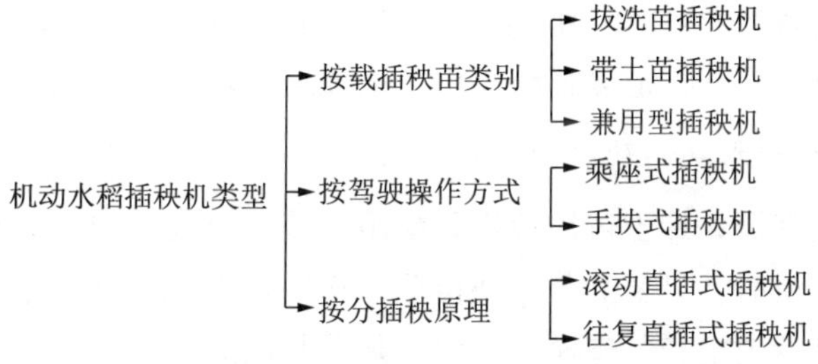


图 5-1 机动水稻插秧机的类型

（1）拔洗苗插秧机。拔洗苗插秧机适于栽植苗高 150～450 mm、根长 10～80 mm 的拔洗苗，要求茎宽为 2～6 mm，秧茎稍硬，粗细较均匀，秧根不纠结，不带泥块。

（2）带土苗插秧机，适于栽插带土苗。要求苗高 60～150 mm，秧苗应有一定的密度，泥厚为 20 mm 左右，苗床湿度适宜，不松散，无小石块、树枝等杂物。

(3) 兼用型插秧机。拔洗苗插秧机稍加改装后，可适用于拔洗苗和带土苗。因拔洗苗与带土苗的性状差异较大，换用时需要更换相应的插秧部件并做适当的调整。

(4) 往复直插式插秧机。其分插秧机构多为单排曲柄摇杆式，由曲柄、摇杆、秧针等组成，工作时秧爪做往复摆动进行插秧。

步行式机动插秧机切合我国目前农村自然及经济条件。具有结构简单、轻巧、操作灵便、使用安全可靠、容易控制机插质量等特点。步行式插秧机按行数分有 2、4、6 行等多种规格。市场上可供选用的插秧机有富来威、东洋、井关、久保田、亚细亚等多个品种，其结构大同小异。现以市场占有量较大的东洋系列 PF455S 型插秧机为例，介绍其主要部件及操作使用方法。

## 二、机动水稻插秧机的一般构造与工作原理

### 1. 机动水稻插秧机的构造

东洋系列 PF455S 型插秧机主要由动力机、传动系统、送秧机构、栽植机构、行走装置和操作系统等组成，如图 5-2 所示。

### 2. 机动水稻插秧机的工作原理

往复直插式带土苗插秧机是采用对带土苗进行均匀切块来实现分秧与插秧的。只要盘苗上秧苗分布均匀，秧针切下定量面积的秧块，即可达到定行、定深、定穴和定苗栽插的目的。

插秧机工作时，秧针插入带土秧块后抓取定量秧块，并下移，当移至设定的栽插深度时，插秧机构中的插植叉将秧苗从秧针上顶出，插入土中，完成一个栽插过程。

在分插秧过程中，秧针分离的是秧块，极大可能地减小了对秧苗的伤害。通过浮板和液压系统控制浮板与秧针的相对位置，可保

持插秧深度的稳定。

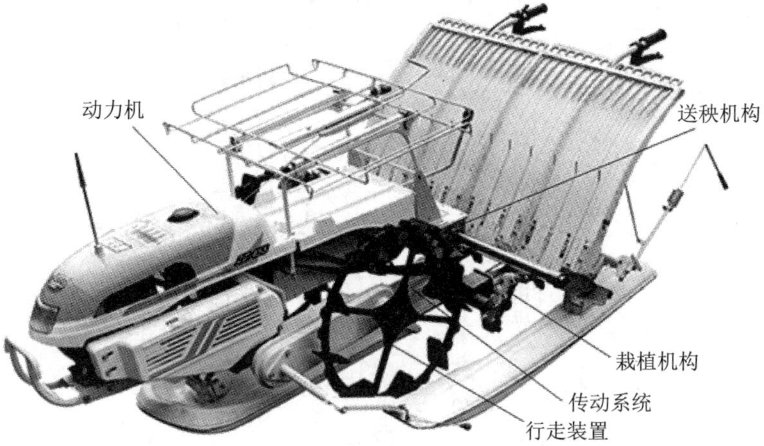


图 5-2 东洋系列 PF455S 型插秧机

## 三、机动水稻插秧机的主要工作部件

1. 动力机

与水稻插秧机配套的动力机主要有汽油发动机和柴油发动机。国产水稻插秧机等农机具的动力大多为柴油机，且均考虑了一机多用的配套原则。

2. 传动系统

传动系统的作用是将发动机的动力分配并传递到各工作部件。往复直插式系列插秧机的传动系统有很多共同之处，图 5-3 为某往复直插式插秧机的传动系统示意图。其特点是分插离合器是一个定位分离装置，当操纵栽植臂停止时，能控制栽植臂分离针尖部在离秧门内侧 2 cm 以上停止工作，便于机器转弯而不损坏栽植臂。

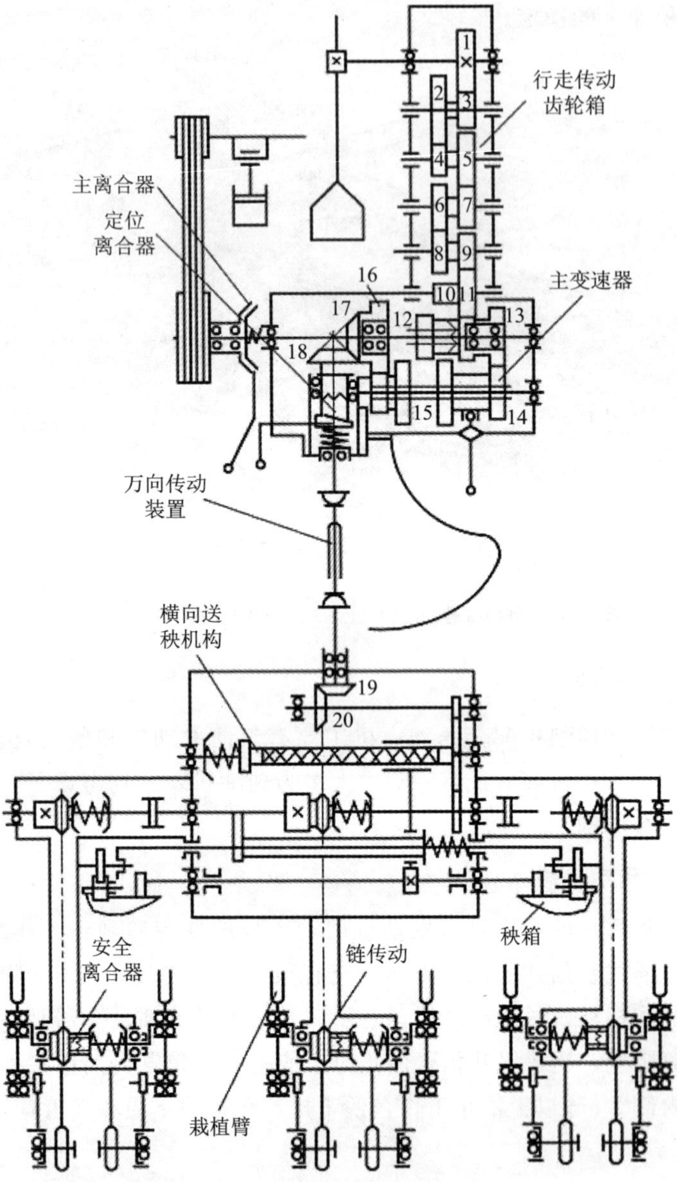


图 5-3　往复直插式插秧机的传动系统示意图

在每一组分插机构的传动装置中，均分别装有安全离合器。当栽植臂部分工作阻力过大时，链轮牙嵌斜面推动牙嵌套压缩弹簧使牙嵌分开，链轮空转而曲柄轴不转动，起过载保护作用。

发动机的动力经三角皮带、主离合器传给锥齿轮。锥齿轮则将发动机动力分配给插秧机的行走系统和各工作部件。行走传动齿轮箱由 6 根轴、16 个圆柱齿轮和 1 对锥齿轮组成。工作部分的动力传递则由锥齿轮 17、18，定位离合器，万向节和伸缩方套管，锥齿轮 19、20，链轮，送秧、插秧传动机构等完成。主变速手柄、插秧穴距调节手柄和副变速杆相互配合，可实现改变插秧机的行驶速度，调节插秧穴距，接合或中断插秧机构的动力传递，达到高效、优质插秧，安全转弯和田间转移的目的。

3. 送秧机构

送秧机构的作用是在取秧针或秧爪按一定取秧面积从秧箱内把秧门处的秧苗取走后，按时将秧箱内的秧苗分别从纵向和横向定量地、均匀地送往秧门，填补已取秧位置，为下一次取秧做准备。送秧机构可分为横向送秧机构和纵向送秧机构两种。

（1）横向送秧机构。横向送秧机构又称移箱机构。其作用是使秧箱连同秧苗做整体移动，确保秧针在秧箱的工作幅宽内依次均匀取秧。

国产和进口的往复直插式带土苗插秧机大多采用凸轮式连续横向送秧机构。其主要由凸轮轴、滑块及移箱轴等组成，如图 5-4 所示。凸轮轴上的滑道为交叉双向螺旋线，滑道两端各有一段 180°的直道。滑块一端固定在移箱轴上，另一端嵌入凸轮滑道内。移箱轴与秧箱固定连接。

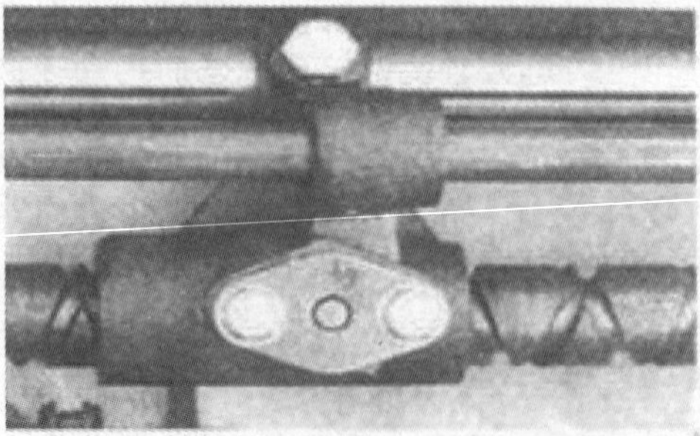

(a) 外形

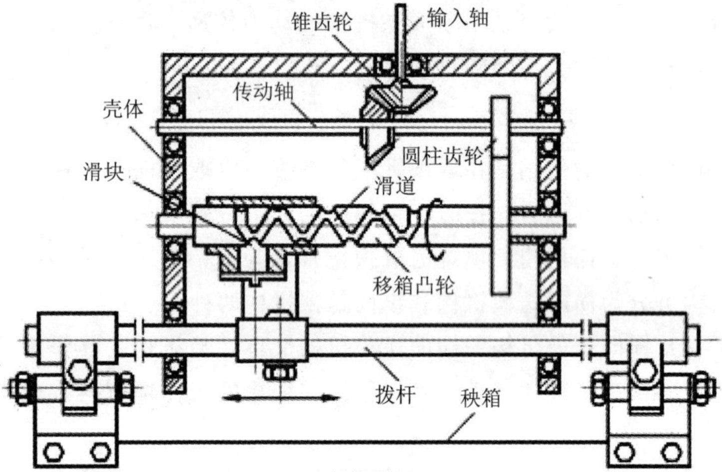


(b) 结构原理

图 5-4　凸轮式连续横向送秧机构

当凸轮轴旋转时，通过滑块、滑道，将凸轮轴的旋转运动变为移箱轴的轴向移动。滑块运动到两端直道时，有一短暂的停留，随即向相反方向继续运动，带动移箱轴完成横向送秧。

（2）纵向送秧机构。纵向送秧机构的作用是当秧针把前面靠近秧门处的秧苗取走后，定时、定量地把后面的秧苗从纵向推送到秧门处，并保证秧苗始终靠向秧门，使秧针每次取秧量尽量准确一致。

纵向送秧机构有对准式和整体推送式等类型。

对准式纵向送秧机构的结构原理如图 5-5 所示。多用于拨洗苗，也可用于带土苗，利用送秧齿将秧苗强制对准秧门输送，使秧门处的秧苗保持一定的密度供秧针取秧。移箱时，送秧齿退出秧箱，移箱结束后，送秧齿进入秧箱向前送秧。秧针每取秧一次，送秧齿送秧一次。送秧齿的运动由曲柄摇杆机构带动，为使纵向送秧

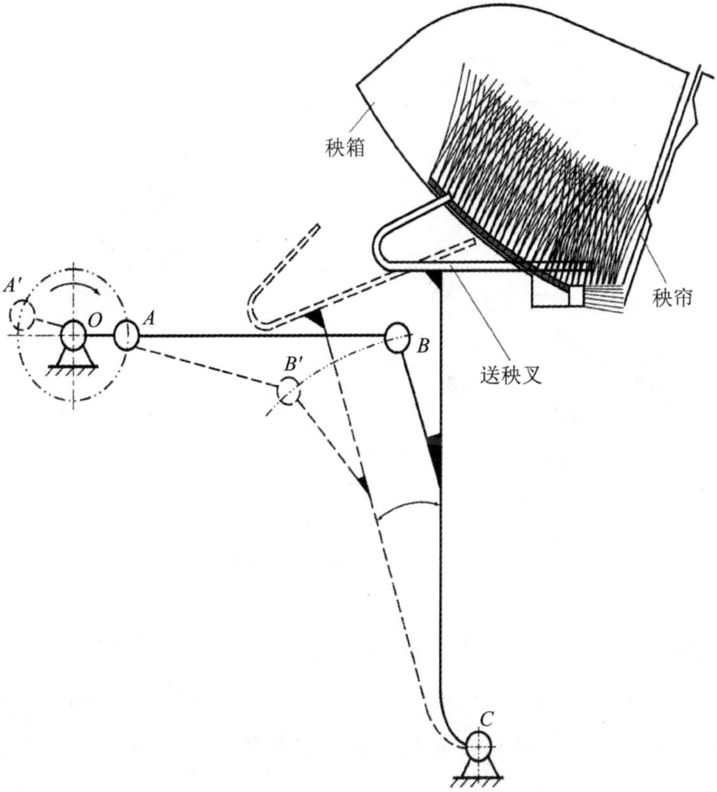


图 5-5　对准式纵向送秧机构

频率和横向送秧频率一致，曲柄 $OA$ 装于移箱机构的传动轴上，通过连杆带动摇杆，使送秧齿做往复运动，进行纵向送秧。为提高推送能力，送秧齿做成两层，使秧苗可沿纵向持续输送。连杆的长度可以改变，以调节送秧能力。

整体推送式纵向送秧机构适用于带土苗，其结构原理如图 5-6 所示。当秧箱横向移到左右极限位置，秧针横向取完一排秧苗后，利用送秧器将秧片整体沿秧箱底板向取秧门推送实现送秧。

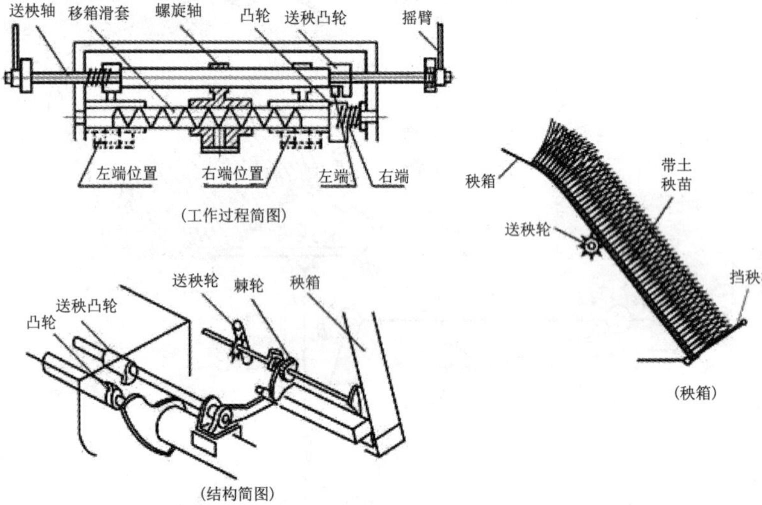


图 5-6　整体推送式纵向送秧机构

与整体推送式纵向送秧机构配合用的秧箱，其长度和宽度与育秧盘尺寸配套，秧箱底板的倾斜角度较大，其表面有凸筋，有利于苗块靠重力下滑。秧箱正面有拦秧杆拦挡秧苗叶子，秧门正面有垂直秧门平面的挡板阻秧。

送秧器由拔杆、齿轮或橡胶输送带等与棘轮同轴装在秧箱底部。送秧器随秧箱一起移动。桃形轮用滑键与凸轮轴相连，既随凸轮轴旋转又可在轴上移动。送秧凸轮也用滑键与送秧轴连接，既可带动送秧轴转动，又能在轴上移动。通常情况下，桃形轮与送秧凸轮的位置相互错开。送秧轴两端固定有摆臂和棘轮。当秧箱横向移动至左右两端极限位置时，即一排秧苗被取完后，秧苗整体向前推送至秧门前端。其工作过程简述如下：

当移箱机构横向移到凸轮轴左端或右端时，便推动桃形轮压缩其右边或左边的弹簧，使桃形轮向右或向左移动到与送秧凸轮对准的位置。桃形轮拨动送秧凸轮，带动摇臂拨动送秧棘轮臂，使送秧轮转动一个角度，秧片向前推送，进行纵向送秧。送秧结束，摆臂、棘爪、桃形轮、送秧凸轮在各自弹簧的作用下复位。桃形轮、送秧凸轮相互错开，即不送秧。

移箱机构的滑块处于凸轮滑道直道位置时，秧箱停止左右移动，进行换向。

4. 栽植机构

栽植机构也称移栽机构或分插机构，是插秧机的主要工作部件之一。东洋系列插秧机的分插机构主要是偏心齿轮行星系分插机构和曲柄摇杆式分插机构，前者配置在高速插秧机上。这两种结构型式的分插机构，其栽植臂的结构、功能和原理大致相同，都是由分插器和轨迹控制机构两个主要部分组成。

(1) 分插器。分插器主要由栽植臂、推秧凸轮、推秧拨杆、推秧弹簧等部件组成。秧针的作用是直接分秧和插秧，推秧器则是当秧针随同秧苗插入土壤中时，在凸轮、弹簧、拨叉作用下，使秧苗与秧针迅速分离。分插器如图 5-7 和图 5-8 所示。

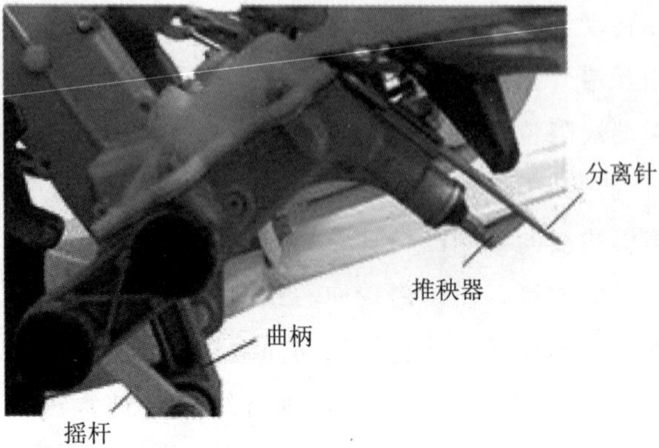


(a) 外形图

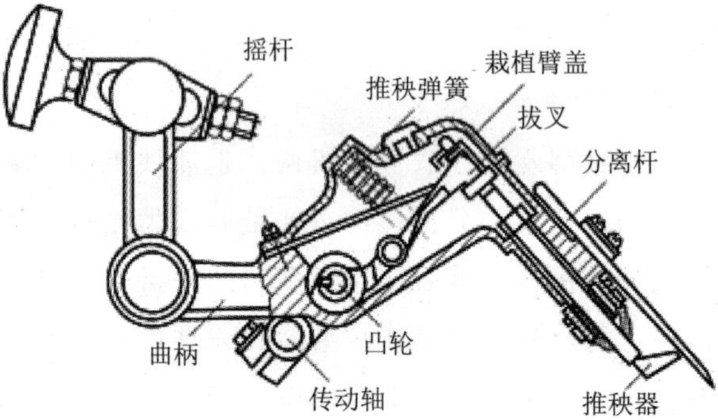


(b) 结构图

图 5-7　分插器（一）

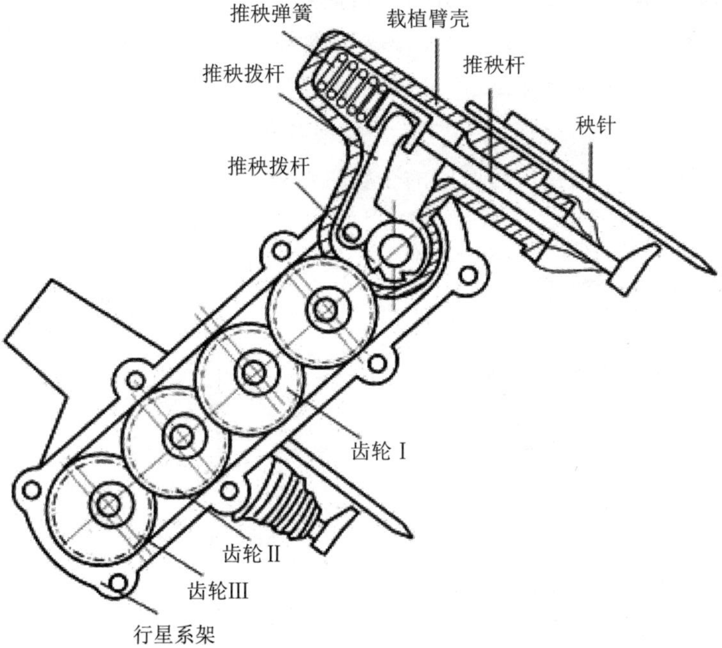


图 5-8　分插器（二）

（2）轨迹控制机构。其作用是控制分秧器，使其按一定的轨迹运动，完成分、插秧工作。轨迹控制机构按其结构原理不同，有曲柄摇杆机构和偏心齿轮行星系机构。

曲柄摇杆式轨迹控制机构主要由曲柄、栽植臂、摇杆和机架组成。曲柄安装在与机架固定铰接的传动轴上，曲柄转动时，安装在栽植臂上的秧针即可进入秧箱撮取秧苗，并将秧苗插入土中，推秧器在推秧凸轮和弹簧的共同作用下实现秧针与秧苗的分离。摇杆的一端和机架另一端与栽植臂铰接，改变摇杆的铰接点位置，即可改变针尖端的运动轨迹，从而调节秧针的取秧量。

偏心齿轮行星系轨迹控制机构根据配置方式不同可分为前插式和后插式两种，如图 5-9 所示。二者的构造和工作原理基本相同。

工作时曲柄 OA 按 $\omega$ 所示方向等速回转，带动连杆即栽植臂 AB 运动，连杆上 D 点的路径即为秧针尖端的运动轨迹。前插式的秧爪尖方向与机组前进速度 $v_m$ 的方向相同，国产 2ZT 系列、东洋系列插秧机都是采用前插式。后插式的秧爪尖方向与机组前进速度 $v_m$ 的方向相反，仅在少数国家的少数机型上有所采用。

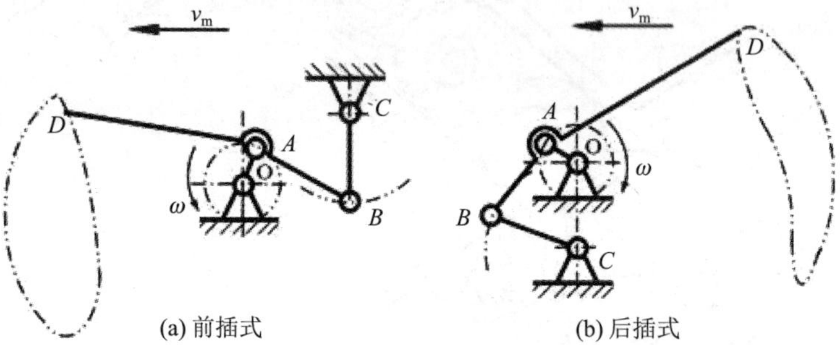


图 5-9　偏心齿轮行星系轨迹控制机构

偏心齿轮行星系轨迹控制机构工作过程如图 5-10 所示。行星系齿轮机构的秧针对称设置，每旋转一周可以插秧两次，与曲柄摇杆式分插机构比较，振动小，单位时间的分插次数多。其栽植臂结构形式与曲柄摇杆式分插机构相近。传动部分共有半径相同的 5 个齿轮，齿轮Ⅰ为太阳轮，固定不动。行星齿轮Ⅱ、Ⅲ对称布置于太阳轮两边。推秧凸轮与行星齿轮Ⅲ同轴，栽植臂与行星齿轮Ⅲ固定联接。行星系架转动时，行星齿轮Ⅲ既绕自身轴线转动又相对行星系架转动；由于栽植臂即齿轮Ⅲ与推秧凸轮的相对转动，带动推秧杆运动而压缩推秧弹簧。在凸轮缺口处，被压缩的推秧弹簧释放能量，驱动推秧杆将秧苗从秧针上推入土中。

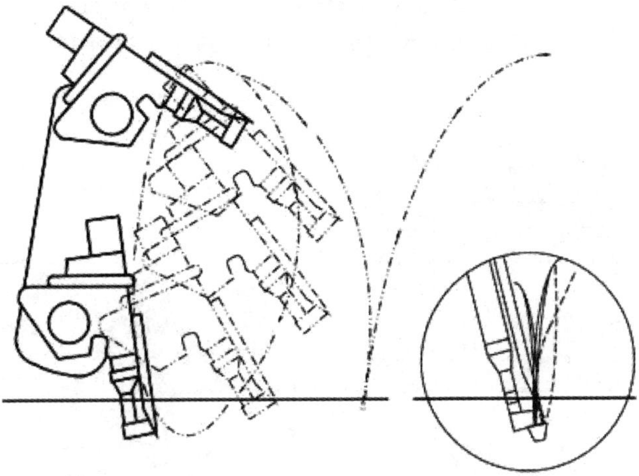

图 5-10 偏心齿轮行星系轨迹控制机构的工作过程

5. 行走装置

插秧机的行走装置由行走轮和船体两部分组成。

与插秧配用的行走轮分为四轮、二轮和独轮三种。四轮行走轮插秧的转向由前轮即转向轮引导；二轮行走轮插秧的转向则由离合器和操作扶手共同完成；国产 2ZT 系列乘坐式插秧机是靠转动独轮实现整机转向的，日本产独轮步行插秧机的转向是依靠操作者提升浮子摆动扶手完成。

日本产乘坐式或步行式插秧机，其船体均为分体液力自动控制浮子式，具有承重能力强，防陷、消除水浪和防壅泥等优点，但其液压件加工精度要求高。国产插秧机配置的船板，结构简单、制造容易、成本低，能较好地满足东北三省水稻种植要求，但在泥脚较深和含沙量较少的土壤中，存在下陷、壅泥、壅水推倒已插秧苗现象。

6. 液压仿形机构

插秧机的船板是插秧深度 $\delta$ 的基准，保持较稳定的接地压力就能保持稳定一致的插深，高性能插秧机均是通过中间船板前端的传感器和液压控制系统调节控制船板的升降动作。液压仿形原理如图5-11所示。

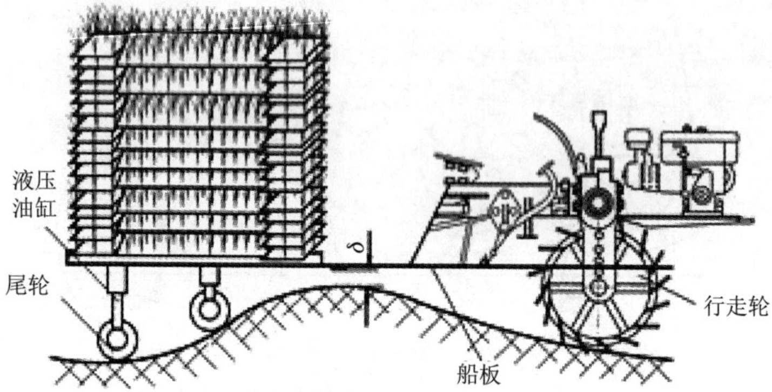


图 5-11　液压仿形原理

# 第二节　插秧机的使用与维护保养

## 一、插秧机的使用

1. 插秧前准备工作

(1) 秧苗条件

机插秧苗必须是经过规格化培育的毯状、带土壮苗。需满足以下要求：秧苗根系发达、苗高适宜、茎部粗壮、叶挺色绿、均匀整齐。参考标准为：叶龄3叶1心，苗高12～20 cm，茎基宽不小于2 mm，根数12～15条/苗。

秧苗密度满足栽植密度要求，秧苗空格率＜5%，每穴3～5株。

插秧前一天，给秧苗底土充分浇水，确保插秧时秧块绝对含水率在35%～45%之间（以手指稍用力即能按进秧块为宜）。

（2）稻田条件

稻田应平整，田面整洁，无杂草杂物。

对秸秆还田且灭茬效果欠佳的田块，务必要在耙地时结合人工踩埋清理，清除田面残物。

表土上软下实，硬软适中，插秧作业时不陷机不壅泥。

泥浆沉实，沉淀不板结，水清不浑浊。

（3）人员的准备

插秧机应由专业技术人员或经过技术培训的人员操作。

操作人员必须注意服装整齐，不穿过分肥大的衣服。

严禁操作人员在生病、过度疲劳或饮酒后操作插秧机。严禁孕妇、少年儿童驾驶操作插秧机。

（4）机器的准备

①插秧机在使用前必须检查发动机及各活动部位的润滑情况，视情况予以添加或更换润滑油（或润滑脂）。

②插秧机在作业前应进行试运行。试运行时注意检查：各传动件及联接件是否松动，栽插臂和其他运动部件是否有滞阻、缺损现象。插秧机秧针、苗箱、导轨、秧门等是否有变形和损坏；秧针间隙是否正常，栽插臂位置是否正确一致，必要时应调整。

③按发动机启动要领，启动发动机，进行空车试运转，并进一步检查：插秧机液压升降系统是否正常；离合器手柄、拉线操作是否正常、可靠；栽插臂动作是否正常一致，苗箱运动有无阻碍；纵向取苗量调节、横向取苗次数调节、株距调节等是否正常可靠；变速挡位、左右转向是否灵活可靠。

**2．插秧机的田间作业**

（1）根据秧苗、田块情况，按农艺要求调好纵向取苗量、横向取苗次数、株距挡位及插深。

（2）拉出苗箱延伸板，将秧苗添加到秧箱内。

（3）根据稻田形状，确定插秧机行走方法，如图 5-12 所示。插秧时首先在田埂周围留有一个插秧机工作幅宽的余地，最后插田边。

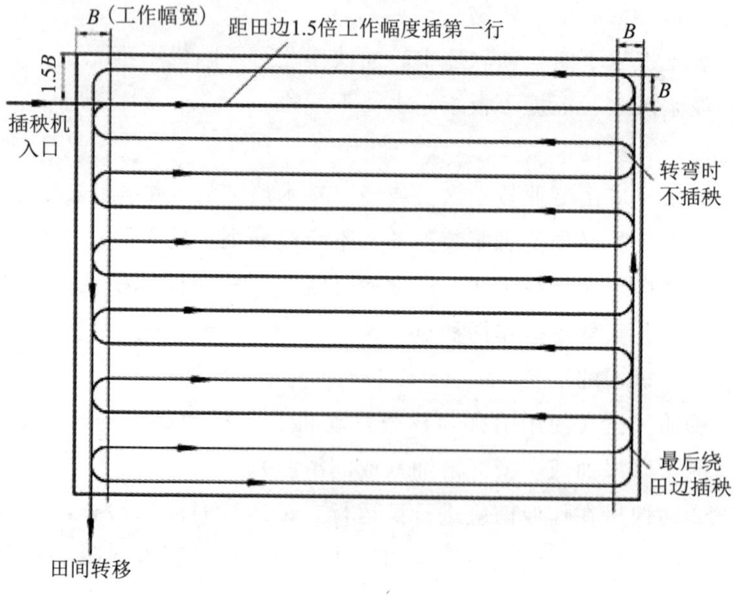


图 5-12　插秧机行走方法

3．插秧作业注意事项

（1）若插植臂停止发出“咔咔”声，说明安全离合器在动作。此时应迅速切断主离合器手柄，然后熄灭发动机，检查取苗口与秧针间、插植臂与浮板间是否夹着石子，秧针是否变形，并根据具体情况予以排除。

（2）插秧机在田块中换行转向时，应切断插植离合器动力，降低发动机转速，液压操作手柄拨到“上升”位置。捏住转弯内侧的转向离合器，将扶手稍向上抬起并向弯道外侧推送扶手，切不可在插植工作条件下，高速换行转弯。

## 二、插秧机的维护保养

### 1. 插秧机每天工作结束后，应进行以下维护保养

（1）清洗机器表面泥污，清除车轮等转动部件的堵塞物。

（2）检查、拧紧各传动部位的紧固螺钉，检查零件的技术状况，若有异常应及时排除。

（3）加注或补充燃油和润滑油。

### 2. 插秧机长期不用时，应按插秧机的使用说明书，进行一次维护保养

（1）为了延长插植臂压出弹簧的使用寿命，插植叉应放在压出秧苗位置。

（2）主离合器手柄和插植离合器手柄应置于“断开”位置、液压手柄放在“下降”位置、油门手柄置于停供位置。将机器的各传动部位及外露部位涂抹机油后，存放在通风干燥处。

# 第六章 耕整机械使用与维护

## 第一节 耙的使用与维护

农田作业中常见的耙主要有圆盘耙、水田耙和钉齿耙，主要用于犁耕后的碎土以及播种前的松土、除草，达到平整地面的目的。

### 一、水田耙

水田耙主要用于春、夏的耕后整地作业，达到碎土起浆、平整田面的目的。有些双季稻地区，在插种晚稻前，利用水田耙的压草灭茬作用，以耙代耕。

水田耙一般由耙组、轧滚和耙架（包括悬挂架）组成，如图6-1、图6-2所示。

单一的耙地部件很难满足水田整地的要求，水田系列耙在设计时均采用二列和三列耙片加轧滚等工作部件组合在一起，既加强耙碎和整平的作用，又可减少耙地次数，降低作业成本。

二列配置以星形耙加轧滚组成（图6-1），适用于耙耕土质松软的沙壤土。

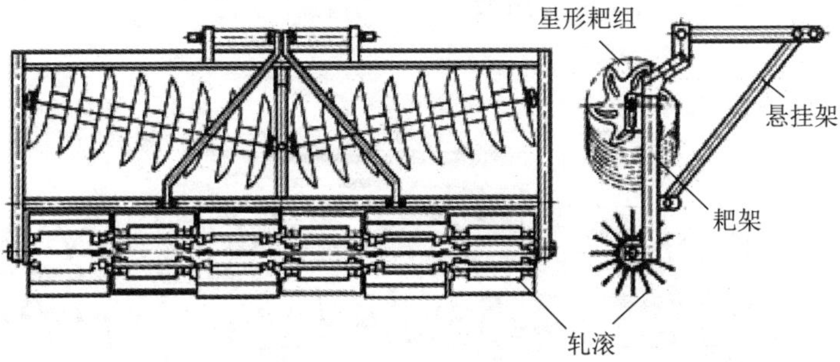


图 6-1　二列配置星形耙

三列配置则以双列星形耙加轧滚组成（图 6-2），适应性好，能充分发挥拖拉机效能，各功率级均可采用。对于黏重土壤，二列耙片可采用相同或不相同的耙片组。

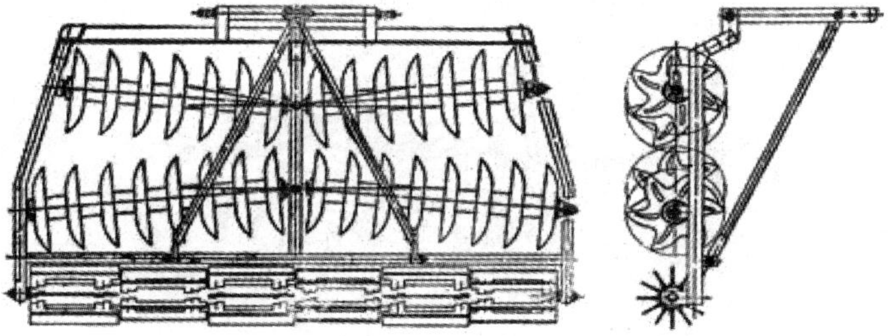

图 6-2　三列配置星形耙

## 二、圆盘耙

圆盘耙主要用于旱地犁耕后的碎土和松土，同时兼有除草灭茬、混合土肥、平整地面的作用。

圆盘耙按耙片直径和机重，分为重型、中型、轻型三种。对应的耙片直径分别为 660 mm、560 mm、460 mm，其单片平均机重各不相同。

按挂接方式分为牵引耙（图 6-3）、悬挂耙（图 6-4）和半悬挂耙。我国南方以悬挂耙应用最广，牵引耙、半悬挂耙多用于北方大地块。

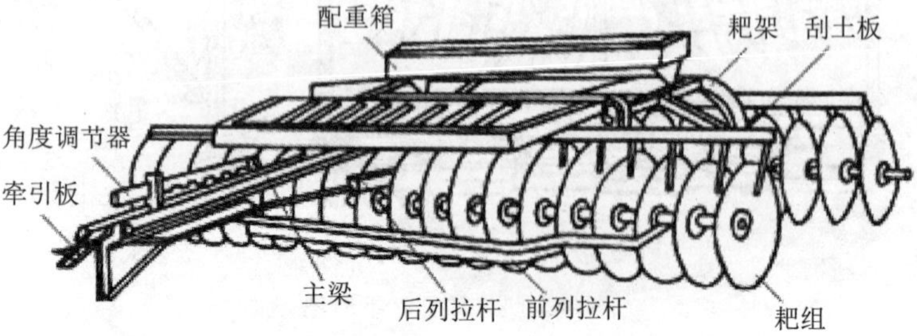


图 6-3　牵引耙

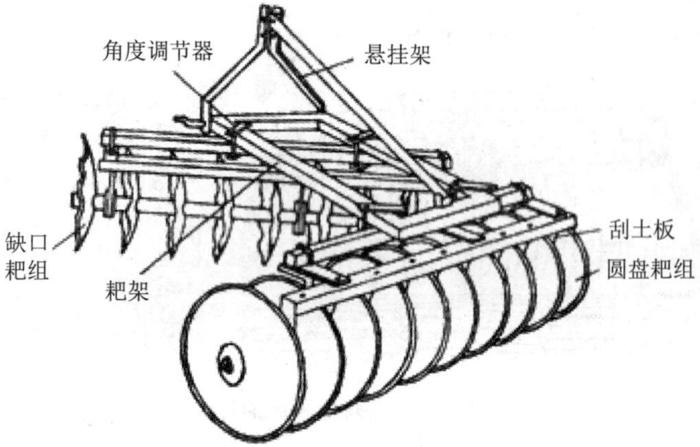


图 6-4　悬挂耙

## 三、耙的调整和使用

1. 耙的调整

（1）偏角调整。偏角即耙片与前进方向的夹角，偏角越大，耙的入土、碎土和翻土能力越强，同时工作阻力也增大，偏角过大还容易堵土；偏角小则相反。

（2）水平调整。包括前后水平调整和左右水平调整，调整方法与悬挂犁相同。

2. 耙地行走方法

按耙地方向相对于耕地的垡条来分，耙地有顺耙、横耙和斜耙三种。

（1）顺耙。顺耙的耙地方向与耕地垡条一致。机组在工作中颠簸较小，耙地阻力也小，但容易耙平垅沟。

（2）横耙。耙地方向与耕地垅沟垂直。碎土、平土效果较好，但耙地阻力大，机组颠簸厉害。

（3）斜耙。耙地方向与耕地垡条呈一角度，碎土、平土效果好，机组行走也较平稳。

根据地块大小、形状等不同情况，机组可采用梭形耙法、套耙法、环形耙法以及交叉耙法等不同的行走方法。前三者分别与旋耕机的梭形耕法、套耕法和环形耕法相同。

交叉耙法如图 6-5 所示。适用于近似矩形或正方形地块，其耙地效果最佳，只是方法较难掌握。

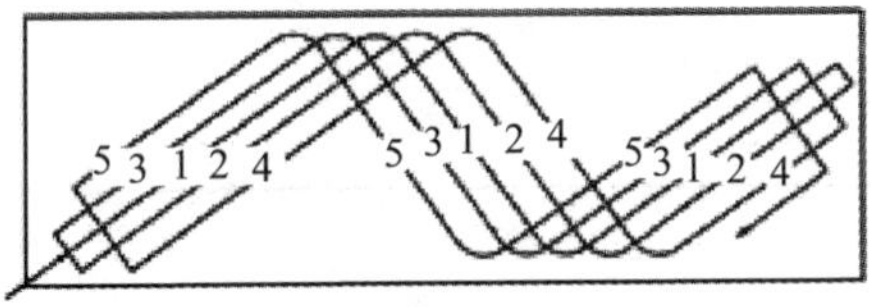


直角纵横交叉法

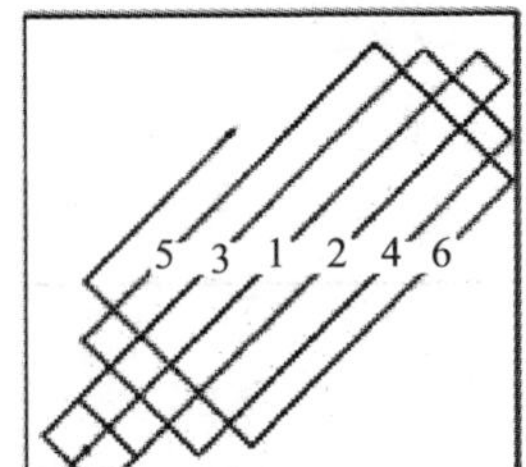


对角线斜交叉法

图 6-5　交叉耙法

## 四、耙的故障诊断与排除

耙的故障诊断与排除如表 6-1 所示。

表 6-1 耙的故障诊断与排除

| 故障现象 | 故障原因 | 调整方法 |
| --- | --- | --- |
| 耙片不入土 | 1. 耙组偏角太小<br>2. 耙组附重不足<br>3. 耙片磨损<br>4. 耙片间堵塞 | 1. 调大耙组偏角<br>2. 增加耙组配重<br>3. 修磨或更换耙片<br>4. 清除堵塞物 |
| 耙后地表不平整 | 1. 前后耙组偏角不一致<br>2. 耙组附重不均匀<br>3. 耙组纵向不平<br>4. 局部耙组不转或堵塞 | 1. 调整前后耙组使偏角一致<br>2. 调整耙组配重使之均匀<br>3. 调整耙组纵向水平<br>4. 检查、维护，清除堵塞物 |
| 耙片堵塞 | 1. 土壤太湿、太黏<br>2. 刮泥板不起作用<br>3. 耙组偏角过大<br>4. 前进速度太慢 | 1. 灌水或晒田，调节土壤湿度<br>2. 调整刮泥板位置和间隙<br>3. 调小耙组偏角<br>4. 加快机组前进速度 |
| 耙地阻力太大 | 1. 耙组偏角太大<br>2. 耙组附重过大<br>3. 刮泥板与耙片卡滞 | 1. 调整耙组偏角至合适<br>2. 调整耙组配重<br>3. 调整刮泥板与耙片间隙 |
| 碎土效果不好 | 1. 前后耙组没错位安装<br>2. 前进速度太慢<br>3. 土壤太湿、太黏 | 1. 调整耙组左右位置<br>2. 加快机组前进速度<br>3. 适时耙地 |

## 第二节 旋耕机的使用与维护

旋耕机是一种由动力驱动的土壤耕作机具，其切土、碎土能力强，能切碎秸秆并使土肥混合均匀，一次作业能达到犁耙几次的效果，耕后地表平整、松软，能满足精耕细作的要求。

我国南方地区多用于秋耕稻茬田种麦，水稻插秧前的水耕水耙。北方地区大量用于打茬，起秸秆还田、铲茬肥田的作用。旋耕机还适于盐碱地的浅层耕作，以抑制盐分上升，以及围垦荒地灭茬除草、牧场草地浅耕再生等作业。

## 一、旋耕机简介

### 1. 旋耕机的类型

旋耕机的类型很多，按其工作部件的运动方式可分为水平横轴式、立轴式两种。按其工作部件的结构特点可分为滚笼式、星轮式、钉齿式和梳齿式旋耕机，如图 6-6 所示。

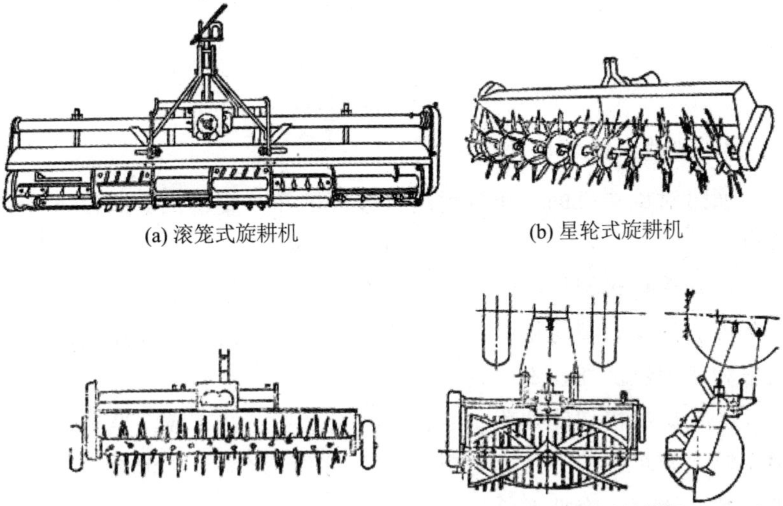

(a) 滚笼式旋耕机　(b) 星轮式旋耕机

(c) 钉齿式旋耕机　(d) 梳齿式旋耕机

图 6-6　旋耕机的类型

### 2. 旋耕机的工作过程

水平横轴式旋耕机（图 6-7）工作时，拖拉机带动机组等速前进，动力输出轴驱动刀片回转，刀片在旋转中切下土块，并向后抛掷。被抛掷的土块与挡泥罩壳、平土拖板相撞，进一步破碎后回落地面。接着，平土拖板将地表刮平。如此工作，旋耕后能确保获得松软、平整的耕作层。

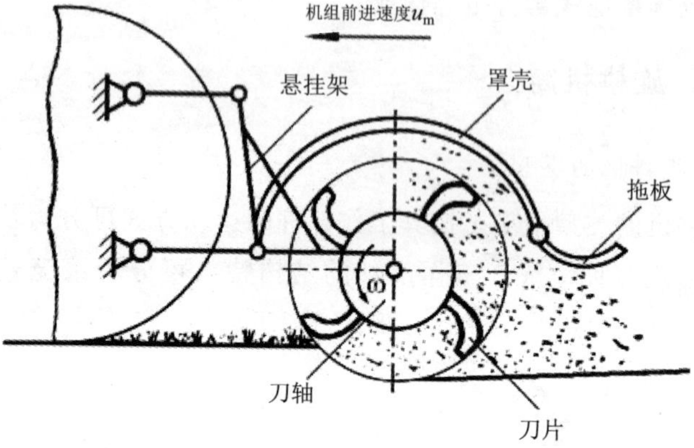


图 6-7　水平横轴式旋耕机工作过程

3. 旋耕机的工作特点

通过对旋耕机的工作过程进行分析可知，旋耕机具有以下工作特点：

（1）旋耕机旋耕后的土层碎土充分、地面松软平整，一次旋耕作业可达到铧式犁与耙多次作业的碎土效果，提高了拖拉机的使用效率和使用经济性，不误农时。

（2）旋耕机切碎杂草、混合土肥能力强。在有较深杂草的土地工作时，旋耕机的刀片能将杂草切碎，并使之与土肥混合，可避免铧式犁的堵草、拖堆现象。

（3）旋耕机的刀轴由拖拉机的动力输出轴直接驱动，工作中土壤对刀片产生一个向前的推力，较好地解决了拖拉机在水田和潮湿地作业时易打滑、功率不易充分发挥的问题。

（4）旋耕机工作深度较浅，消耗功率较大；对杂草、残茬的覆盖性能不如铧式犁。

## 二、旋耕机的使用维护

1. 旋耕机的使用

（1）刀片的安装

以弯型刀片为例，左、右弯刀在刀轴上一般有交错安装法、外安装法和内安装法，如图 6-8 所示。

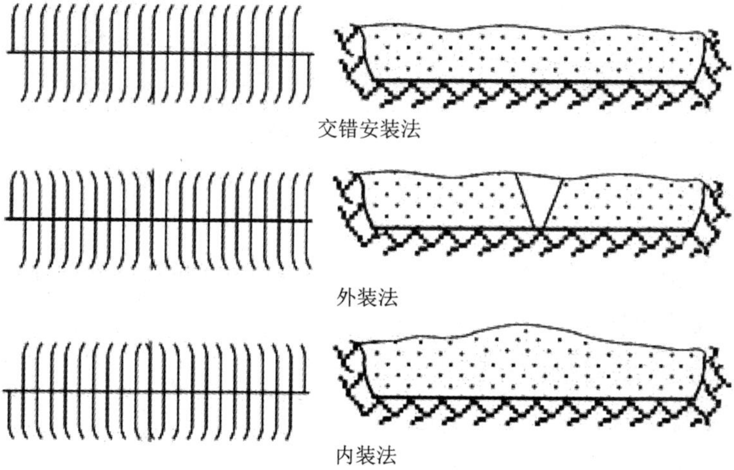


图 6-8　旋耕机刀片的安装

①交错安装法。旋耕机出厂时即采用这种安装方法。左右弯刀在刀轴上交错对称安装，即同一截面上，安装左右弯刀各一把，刀轴两端的刀片向里弯。这种安装方法，耕后地面平坦，适于平作，应用最广。

②内装法。刀轴左边全部装右弯刀，右边全部装左弯刀，即所有刀片全部向内弯。这种安装方法，中间有一小垅，适于作畦、填沟。

③外装法。与内装法相反，刀轴左边装左弯刀，右边装右弯

刀，除刀轴两端刀片向内弯之外，其余刀片全部向外弯。这种安装方法，耕后中间形成一小浅沟，适于旋耕、开沟联合作业，或用于拆畦作业。

安装前先将左、右弯刀分两堆，安装时应注意刀片刃口与刀轴旋转方向一致，不可装反。安装完毕，转动刀子轴，全面检查一遍。

（2）旋耕机与拖拉机的联接

悬挂旋耕机与拖拉机在万向节联接时应注意：方轴在方套内应能自由滑动，两者长度应与拖拉机型号相适应，以保证旋耕机升降自如；连接方轴与万向节夹叉时应保证中间两夹叉在同一平面内，否则会造成刀轴转速不均匀，引起振动，导致机件损坏。

（3）旋耕机工作前的检查

①检查刀片安装是否正确、牢固，刀片技术状况是否正常，各处联接有无松动。

②检查链传动的松紧度，不适合时应调整。

③启动发动机，挂上低速挡试车，检查机器运转情况，若有异常应立即熄火停车，排除故障，确认正常后方可投入使用。

（4）旋耕作业的行走方法

①梭形耕法（图 6-9a）。机组由地块一侧进入，一个行程紧接一个行程地往返耕作，最后耕地头。这种方法简单易掌握，转弯半径小，手扶拖拉机多用。

②套耕法（图 6-9b）。又称小区套耕法，机组从一侧进入，耕完一个行程后，向左或向右隔一定宽度回耕，然后再紧挨前一行程耕作。这种方法，拖拉机转弯半径小，适用于地头小的田块。

③环形耕法（图 6-9c）。机组从一侧进入，自外至内沿地块环耕，最后由中间结束。这种耕法空行少，耕后地面平整。适合较

大、较规则的长方形地块耕作。

实际耕作中可根据地形和机组功率大小，选择其中一种耕作方法或多种方法的组合，达到理想的耕作效率和耕作质量。

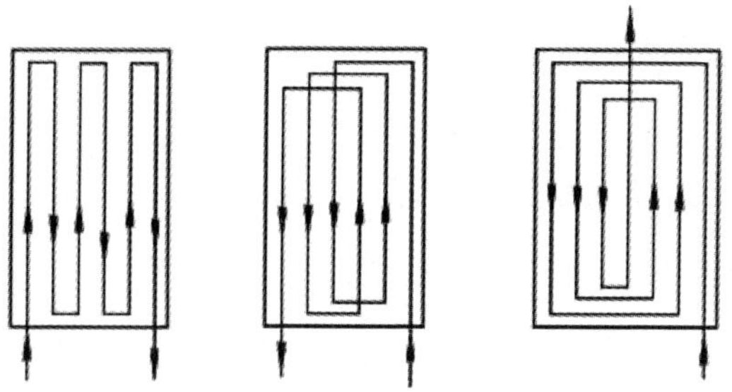

(a) 梭形耕法　　(b) 套耕法　　(c) 环形耕法

图 6-9　旋耕机行走作业路线

2. 旋耕机使用注意事项

（1）新的旋耕机在投入使用前，应先进行磨合，即在熟地或肥地轻负荷工作 10 小时左右，使链轮、齿轮传动啮合良好，提高使用寿命。

（2）正确选择旋耕机刀轴的旋转速度和机组的前进速度。一般情况下，刀片端点旋转线速度与机组前进速度的比值为 6 左右时，可较好地满足旋耕质量。

（3）正确调节旋耕机的耕深和机组水平。同时，调节好旋耕机的提升高度，以防提升高度过大损坏万向节。

（4）旋耕作业时，先将旋耕机升起，接合动力输出轴，挂上工作挡；然后一边起步一边缓慢降下旋耕机。不可在旋耕机先入土的情况下接合动力起步或旋耕机猛入土，以免损坏机件。

（5）旋耕机在与具有分置式液压悬挂系统的拖拉机配套时，应将升降手柄置于“浮动”位置；在与具有力调节、位调节液压悬挂系统的拖拉机配套时，则必须在位调节状态工作，不允许用力调节方式调节耕深。

(6) 地头转弯或倒车时，应降低行进速度，将旋耕机升离地面(与手扶拖拉机配用的旋耕机，应旋转尾轮调节手柄，使刀片离开地面)。严禁转弯作业。

(7) 工作中若出现异常声响，或出现堵土、缠草等现象，须及时停车检查。严禁在不熄火状态下清除刀轴缠草，或更换刀片。

3. 旋耕机使用保养

(1) 每班作业后，检查、拧紧连接螺栓；检查插销、开口销等易损件有无缺损，必要时更换；检查传动箱、十字节和轴承是否缺油，必要时立即补充。

(2) 每个作业季度完成作业后应彻底清除机具上的泥尘，油污；彻底更换润滑油、润滑脂；检查刀片是否过度磨损，必要时换新；检查机罩、拖板等有无变形，恢复其原形或换新；全面检查机具的外观，补刷油漆，弯刀、花键轴应涂油防锈。

## 三、旋耕机的故障诊断与排除

旋耕机的故障诊断与排除如表 6-2 所示。

**表 6-2　旋耕机的故障诊断与排除**

| 故障现象 | 故障原因 | 排除方法 |
|---|---|---|
| 旋转机负荷过大 | 1. 前进速度过快<br>2. 刀轴转速过高<br>3. 刀片磨钝<br>4. 旋耕过深<br>5. 土壤过硬 | 1. 选择合适的前进速度<br>2. 选择合适的刀轴转速<br>3. 修复或更换刀片<br>4. 调节耕深<br>5. 降低前进速度 |
| 耕后地表不平 | 刀片安装错误 | 重新安装 |

续表

| 故障现象 | 故障原因 | 排除方法 |
|---|---|---|
| 刀轴不转动 | 1. 齿轮损坏<br>2. 刀轴弯曲变形<br>3. 刀轴缠草堵泥严重<br>4. 圆锥齿轮无齿侧间隙<br>5. 轴承损坏 | 1. 更换齿轮<br>2. 校正或更换刀轴<br>3. 清理堵塞物<br>4. 重新调整<br>5. 更换轴承 |
| 传动箱有噪声 | 1. 传动箱内有异物<br>2. 圆锥齿轮齿侧间隙过大<br>3. 齿轮轮齿折断<br>4. 没有润滑油<br>5. 轴承损坏 | 1. 取出异物<br>2. 调整圆锥齿轮齿侧间隙<br>3. 更换齿轮<br>4. 添加或更换润滑油<br>5. 更换轴承 |

## 第三节　水田耕机的使用与维护

水田耕机是在机动插秧机的基础上研制改进而成的，可进行犁耕、犁耙整、耙滚地等作业，是一种具有小功率、独轮驱动、单人操作、成本低、效益高等特点的微型耕整地机具，特别适合于南方丘陵山区小田块的耕作。

我国南方目前广泛使用的水田耕机品种很多，按其行走方式可分为自走式和与微型手扶拖拉机配用的牵引式，如图 6-10 所示。

以自走式水田耕机为例，介绍其结构特点和使用维护等。

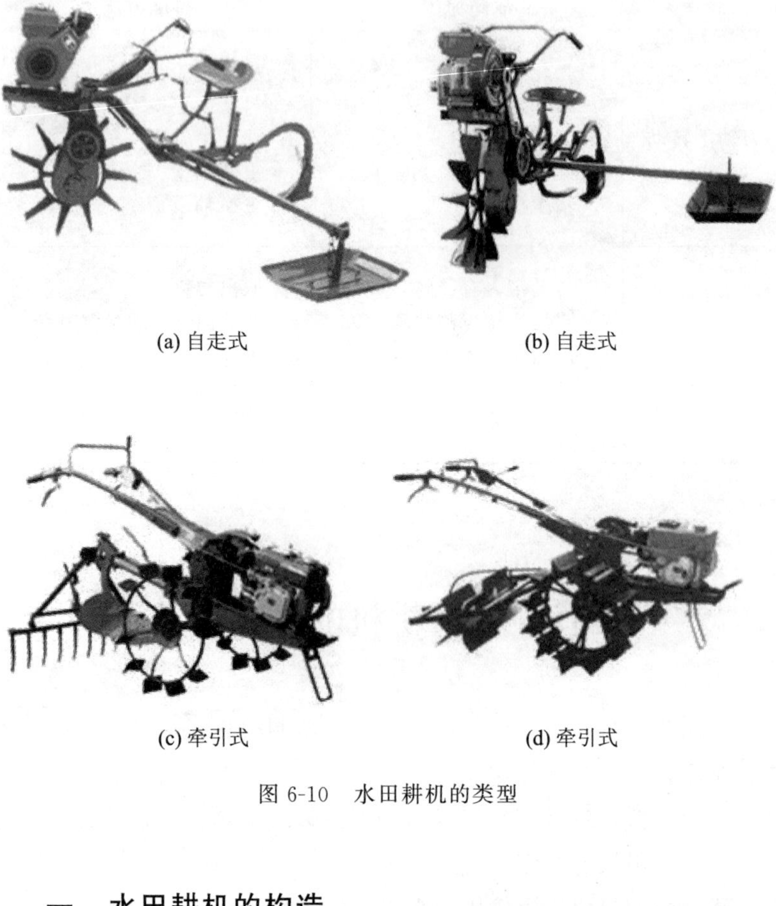

(a) 自走式　(b) 自走式

(c) 牵引式　(d) 牵引式

图 6-10　水田耕机的类型

## 一、水田耕机的构造

水田耕机一般由发动机、主机和工作部件组成，其整机结构如图 6-11 所示。

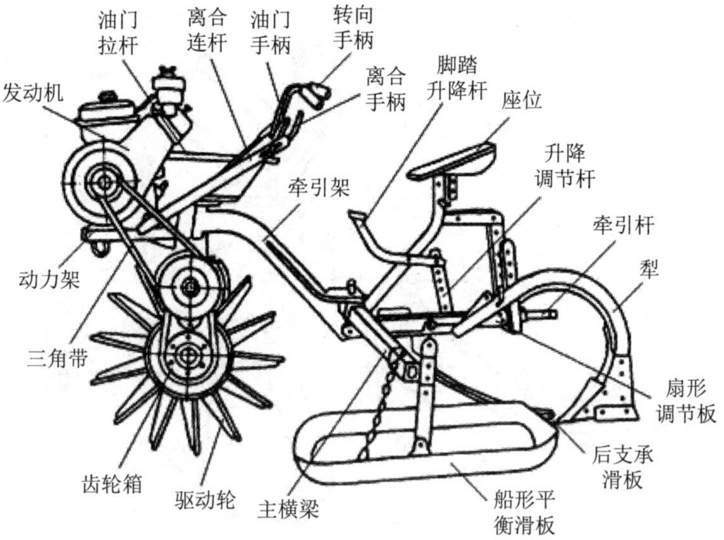


图 6-11　水田耕机的结构

## 二、水田耕机的安装

1. 安装前的准备

水田耕机出厂时，是分部件包装的，使用前须进行正确的组装与调整，方能保证安全生产与工作质量。安装前须仔细阅读产品说明书，熟悉其安装要领与安装方法。

检查零部件是否齐全，有无变形。对螺栓连接件，装螺帽前须装弹簧垫圈或锁止装置，不得漏装。

2. 安装要领

（1）动力架、牵引架、转向架的安装如图 6-12 所示。将传动齿轮箱的牵引框与动力架用螺栓连接，再通过牵引销与牵引架连接，并用螺栓将销轴固定。转向架通过四个螺栓紧固于牵引架的上方。

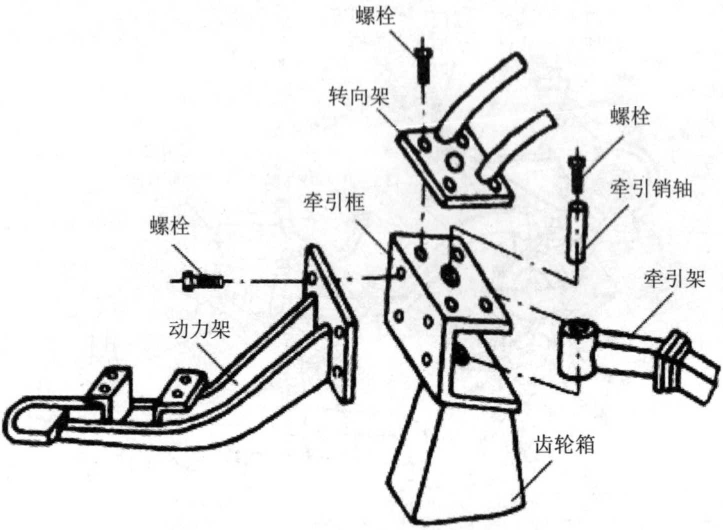


图 6-12　动力架、牵引架、转向架

（2）后支承滑板与船形平衡滑板的安装。将后支承滑板用螺栓固定于牵引架下方，其连接部位有四个安装孔，分上、下两个位置，供调节泥脚深度时使用，如图 6-13 所示。

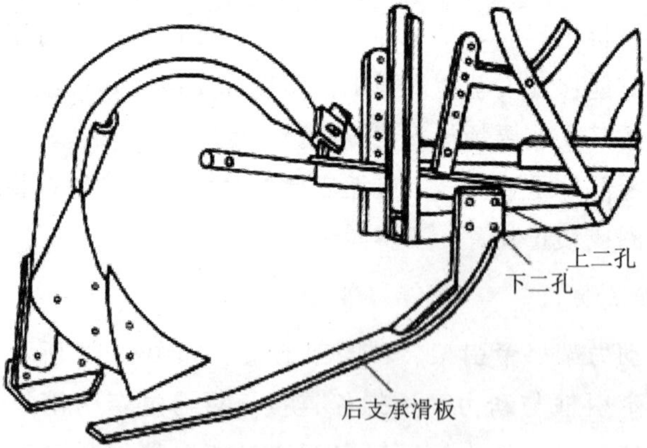


图 6-13　后支承滑板的安装

安装船形平衡滑板时，先将主横梁的一端插入牵引架方钢套内并插上插销；再将船形滑板的支承套套在主横梁的另一端，用销固定；最后将链条挂在船形平衡滑板的挂钩上，使船头略微抬起，如图 6-14 所示。

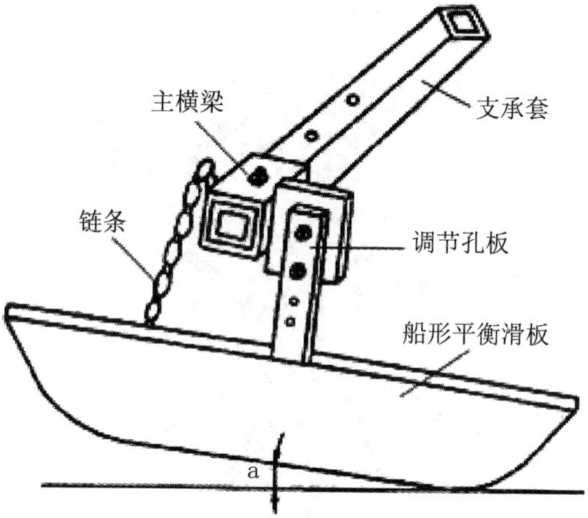


图 6-14 船形平衡滑板的安装

(3) 农具升降机构的安装。将脚踏升降杆套在销轴上，升降调节连杆两端用销钉分别与脚踏升降杆及牵引杆连接，如图 6-15 所示。装好后检查各转动部分是否灵活，不得有卡滞、碰擦现象。

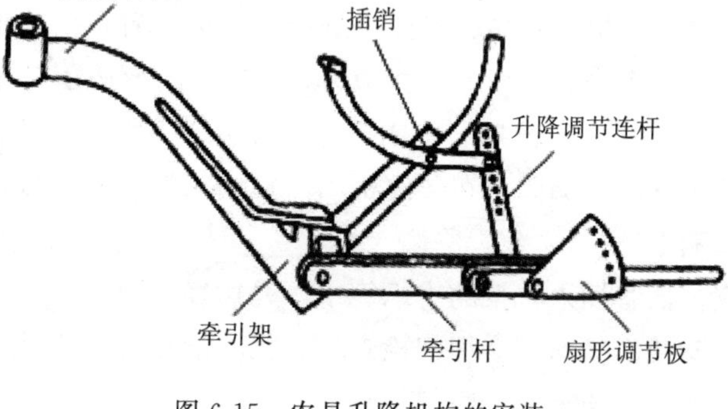


图 6-15 农具升降机构的安装

(4) 驱动轮的安装如图 6-16 所示。安装时注意叶片的旋转方向；装驱动轮锁紧螺母时，应垫弹簧垫圈，以防工作中松动造成事故。

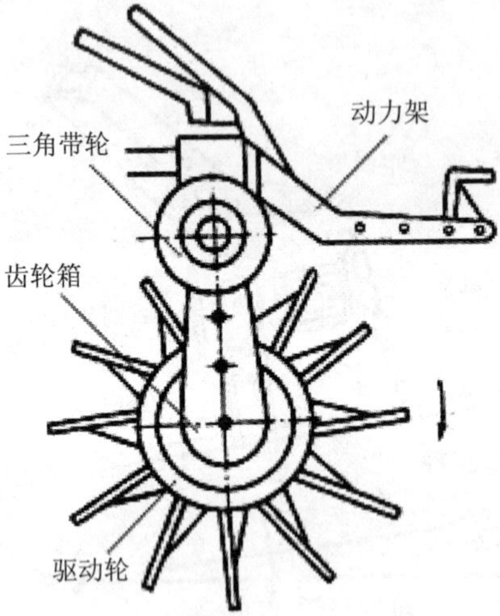


图 6-16　驱动轮的安装

(5) 发动机、离合机构、油门及座位的安装。将柴油机原装皮带轮换装为水田耕整机专用三角皮带轮，通过调整使两个三角皮带轮的轮槽中心相互对正。将装有机座的柴油机从动力架前面推入滑槽内，装好三角皮带。

安装离合机构。将离合操作手柄扳至结合位置，向前推移柴油机，使三角皮带张紧至用一手指以 10～15 N 的力按压三角带中部能下垂 10～15 mm；然后，紧固离合连杆上方的螺母；最后，用螺钉将油门拉杆的一端固定在柴油机油门控制销上，另一端固定于油门控制手柄上。

将座位插管插入机架的支承管中，并插好钩销。

(6) 安装农具前，应仔细检查犁、耙、滚耙等技术状况。犁的安装参照图 6-17 进行。

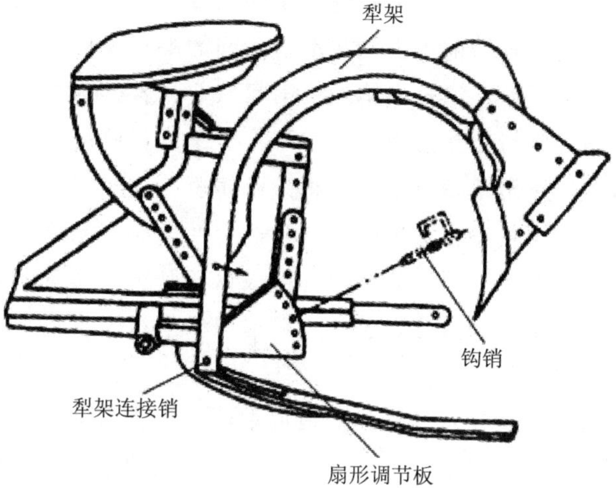


图 6-17 犁的安装

## 三、水田耕整机的使用与调整

1. 平衡机构的调整

(1) 船形平衡滑板左右位置的调整（参见图 6-14）。船形平衡滑板可以安装在机身的左边或右边，一般情况下，犁田边时，将主横梁和船形平衡滑板装于机身的右侧；正常耕作时则装于左侧，以免压实已耕翻的土垡，影响耕后的耙整地作业。

主横梁两端各有三个销孔，用以调节船形平衡滑板的左右伸出量。行驶速度快、田块大、驾驶技术不熟练时，应调大伸出量以增加机组的稳定性；反之，可以减小船形滑板的伸出量，使操作更加灵活。

船形平衡滑板相对主横梁安装位置的高度，影响机身的横向稳定性。调整要求是：工作时机身应向船形平衡滑板一侧略为倾斜，倾斜太大，行驶阻力大，不便操作；倾斜太小，易向一侧倾翻，横向稳定性差。调整方法是：改变船形平衡滑板的支承套在调节孔板上的位置。一般要求主横梁的内端比外端高 150～200 mm 即可。

船形平衡滑板沿前进方向与水平面间的夹角 $\alpha$ 称为滑草角。适当的滑草角，可防止堵草、堵泥。田间作业，若杂草在船形平衡滑板下面堆积，则滑草角过大，此时可将链条放长些；若船形平衡滑板前端碰草，则滑草角过小，应将链条缩短。

为增加水田耕整机在田间的行驶稳定性，应在船形滑板内放入适量的泥块做配重。泥块的多少，可根据驾驶员的感觉而定，若感觉阻力太大，则装泥过多，若感觉船形平衡滑板时有抬离地面的现象，则装泥过少。

（2）后支承的安装位置，应根据水田的泥脚深度调整。后支承滑板与牵引架的连接部位有 4 个螺孔，分上下两个安装位置，供调节时选择。泥脚较深时，可将支承滑板固定于上二孔，相当于机组上移；反之，装于下孔，使机组相对下移，以满足耕深要求。

（3）耕深的调整由犁和支承滑板配合进行。改变犁架在扇形调节板上的安装孔位，可初步调整耕深。将犁架装于扇形调节板上孔，耕深增加；装于下孔，耕深即减小。若仍不能达到耕深要求，再调整后支承滑板的安装高度，将后支承滑板上移，耕深增加；反之则减小。

（4）改变脚踏升降杆在升降调节连杆上的安装位置，可改变犁的提升高度。安装孔位越高，脚踏行程越小，犁的提升高度越小。

（5）水田耕整机的座位分为固定式和可调式两种。可调式座位下方有两根插管，根据需要可将其中一根插入机架支承管中，另一根悬空。调整原则是：驾驶员驾乘后，重心应偏向船形平衡滑板一侧，以提高机组的行驶稳定性。调好后，务必插好钩销。

2. 水田耕整机的使用

（1）使用前的准备

使用前，检查机组各紧固件是否牢固可靠；调好主横梁与船形平衡滑板的位置，并向船形滑板中加配重泥土；检查无异常后，方可进行作业。

（2）作业方法

耕整地时采用合理的行走方法，既能保证耕作质量，又可减少机组空行程，提高工作效率，节约耕地成本。最基本的行走方法有梭形耕法、套耕法、环形耕法。

犁田边时，将水田耕整机放在田埂机组前进方向的左边，并将主横梁及船形平衡滑板调至田埂的内侧，调好滑草角，加足配重土，调好座位及耕深后，即可沿田边耕作，直至沿田边犁完 1～3 圈后，机组进入正常耕作作业。

耕完田边后将机组调头，并将主横梁及船形平衡滑板调至机组靠田埂一侧（机组右边），重新调整座位与机组配重，即可按耕地方法进行正常耕作。

因水田耕整机没有倒挡，作业时应根据田块的大小，尽量转大弯，并降低机组行驶速度，必要时可将农具升起，以便顺利转弯。

犁耕速度应根据耕作阻力决定。犁黏土及旱土，应低速作业，以保证耕作深度和避免动力机超负荷；犁沙土、熟土时，可适当提高耕作速度。调整方法：将三角皮带置于不同直径的轮槽中，可得到不同的耕作速度。用大直径轮槽输出动力时，耕作速度提高；反之，耕作速度降低。调整时，必须同时调好三角皮带的张紧度。

（3）水田耕整机的使用注意事项

水田耕整机的驱动轮、船形平衡滑板、后支承滑板都不能在硬地行走。远距离转移时，须用人工或车辆运送。在近距离、低矮田埂转移时，应将农具升起，缓慢通过；田埂较高时，应将田埂挖低，必要时应熄火将机器抬过去，切忌强行通过，造成翻车或损坏机具等事故。

为减小犁耕阻力，犁耕前应向田间灌 50～70 mm 深的水，浸泡 1～2 天。

目前生产的水田耕整机均无倒挡，操作时必须十分小心。尤其是在田间转弯时，应充分估计转弯地段的长度，避免急转弯，防止翻车。

万一发生翻车事故，应立即将离合装置推至分离位置，同时将发动机熄火；然后尽快扶起机器，进行技术检查，确认无异常后，方可继续使用。

3. 水田耕整机的维护保养

使水田耕整机保持良好的技术状况，使用中应注意维护保养，定期对各部件进行检查、清洗、润滑、紧固、调整及修复或更换易损零件。具体的维护保养内容及要求：新的或大修后的柴油机使用前须按说明书的要求进行磨合，正常使用阶段按柴油机的维护要领进行维护。水田耕整机入库前，应彻底清除外表泥土、油污，卸下柴油机进行季节保养；对各部件进行检查、修复或更换已磨损零部件。犁铧、犁壁及各相对运动表面，涂抹润滑油或润滑脂，涂漆零件表面刷上油漆；然后将机具存放于干燥通风处。

# 第七章　农用水泵使用与维护

## 第一节　农用水泵的结构

### 一、农用水泵的类型

水泵是一种通用机械，不仅用于农田排灌，在很多行业领域和部门都会用到水泵，它们发挥着不同的作用。

水泵的类型很多，与排灌系统配用的水泵主要是离心泵、混流泵和轴流泵。这三类水泵在结构上的共同特点是，其主要工作部件叶轮都具有若干叶片，因此，这三类泵又统称为叶片泵。

水泵的型号标注形式及其意义见表 7-1 所示。

**表 7-1　各种泵型的代表符号及其意义**

<table>
<tr><th colspan="3">水泵类型</th><th>型号举例</th><th>型号中字母的意义</th><th>型号中数字的意义</th></tr>
<tr><td rowspan="4">离心泵</td><td rowspan="4">单级单吸</td><td>BP 型</td><td>65BP-55</td><td>BP：喷灌用离心泵</td><td>65—吸水口径为 65 mm<br>55—扬程为 55 m</td></tr>
<tr><td>IB 型<br>IS 型</td><td>IB<br>80-50-250<br>IS</td><td>I：国际标准第一代号<br>B：“泵”汉语拼音字母<br>IS：国际标准</td><td>80—吸水口径为 80 mm<br>50—排水口径为 50 mm<br>250—叶轮直径 250 mm</td></tr>
<tr><td>B 型</td><td>4B-35</td><td>B：单级单吸悬臂离心泵</td><td>4—吸水口径为 4 in<br>35—扬程为 35 m</td></tr>
<tr><td>BX 型</td><td>BX80-33</td><td>B：“泵”汉语拼音字母<br>X：“湘”汉语拼音字母</td><td>33—扬程 33 m<br>80—进水口径 80 mm</td></tr>
</table>

续表

| 水泵类型 | | | 型号举例 | 型号中字母的意义 | 型号中数字的意义 |
|---|---|---|---|---|---|
| 离心泵 | 单级双吸 | S型 | 150S-50 | S：单级双吸卧式离心泵 | 150—吸水口径150 mm<br>50—扬程为50 m |
| 井泵 | 长轴井泵 | JC型 | 100JC<br>10×23 | JC：长轴离心深井泵 | 100—适用最小井径100 mm<br>10—流量10 $m^3/h$<br>23—泵的级数为23级 |
| 井泵 | 深井潜水泵 | QJ型 | 200QJ80-55/5 | QJ：井用潜水电泵 | 200—适用最小井径200 mm<br>80—流量80 $m^3/h$<br>55—扬程为55 m<br>5—泵的级数为5级 |
| 微型泵 | WB型 | | WB100-10-80（250B） | WB：微型泵<br>B：电动机型式 | 10—吸水口径为10 mm<br>10—排水口径为10 mm<br>80—叶轮直径为80 mm<br>250—额定功率250 W |
| 真空泵 | 水环式真空泵 | SZ型<br>SZB型<br>SZZ型 | SZ-1 | S：水环式<br>Z：真空泵 | 1—规格号 |
| 真空泵 | 水环式真空泵 | SZ型<br>SZB型<br>SZZ型 | SZB-4 | S：水环式<br>Z：真空泵<br>B：悬臂式 | 4—520×0.133 kPa时的排气量为4 L/s |
| 真空泵 | 水环式真空泵 | SZ型<br>SZB型<br>SZZ型 | SZZ-4 | S：水环式<br>Z：真空泵<br>Z：真联式 | 4—520×0.133 kPa时的排气量为4 L/s |

## 二、农用水泵的构造

1. 离心泵

(1) 单级单吸离心泵

单级离心泵的类型很多，如 IS 型、IB 型、BX 型等。其结构大同小异，如图 7-1 为 BX 型离心泵，主要由叶轮、泵体、密封装置、泵轴和轴承等组成。

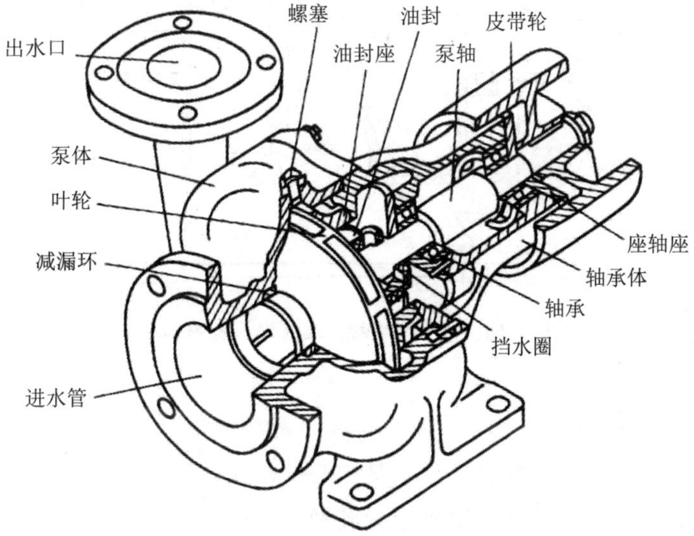


图 7-1　BX 型离心泵

(2) 双吸离心泵

双吸离心泵有 SH 型、SA 型、S 型等不同系列。因其流量较大，扬程有高有低，结构也较合理，因而被广泛地用于各种机电排灌站。

各种双吸泵的结构基本相同，主要由叶轮、泵盖、泵体、泵轴、轴承和轴封装置等组成，如图 7-2 所示。

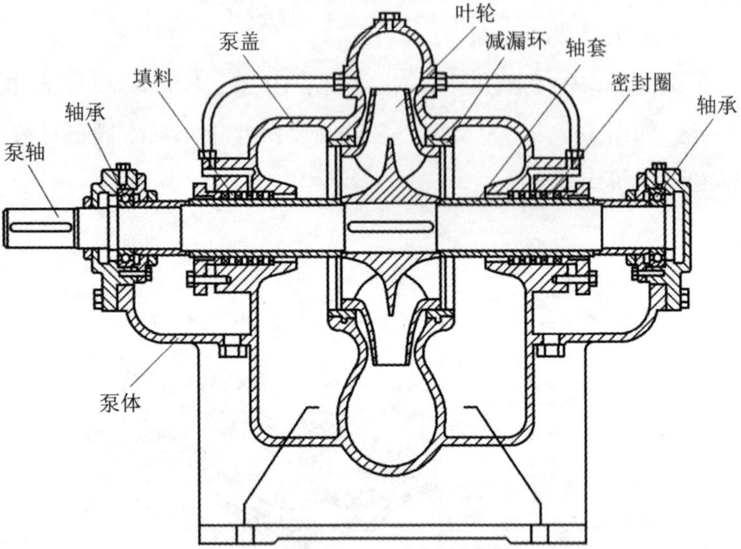


图 7-2　双吸离心泵结构示意图

2. 轴流泵

图 7-3 为轴流泵的工作原理与工作过程。轴流泵主要由进水喇叭管、叶轮、导叶体、泵轴、橡胶轴承、出水弯管等组成。

3. 混流泵

混流泵可分为蜗壳式和桨叶式两种，以蜗壳式应用最为广泛，其结构如图 7-4 所示。

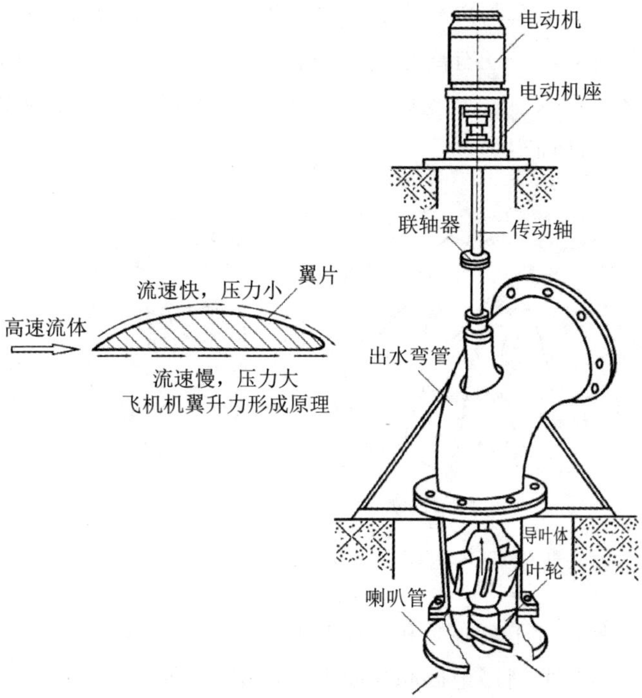


图 7-3　轴流泵的工作原理与工作过程

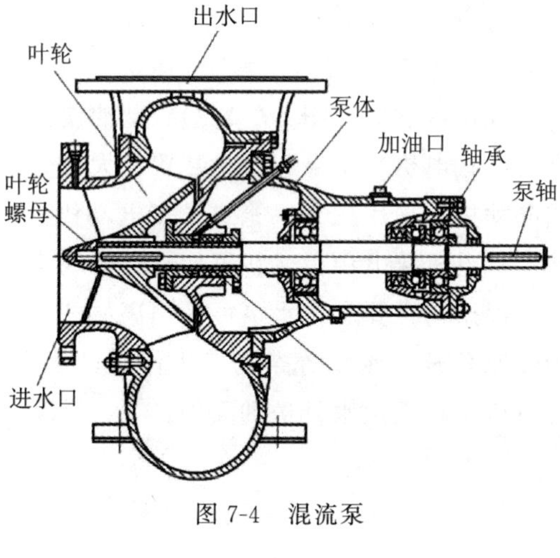


图 7-4　混流泵

蜗壳式混流泵与离心泵的主要区别在叶轮，如图 7-5 所示。混流泵工作时对水流既有离心力又有推力，所以其叶轮介于离心泵与轴流泵之间。水流在叶轮内的流动方向不是轴向，而是倾斜流动，混流泵即因此而得名。

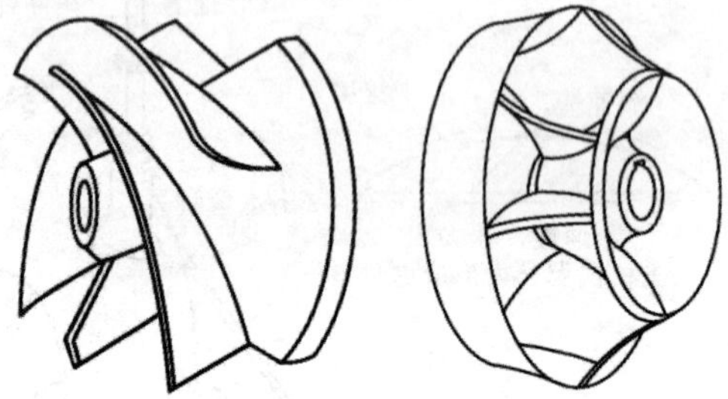


图 7-5　混流泵叶轮

混流泵综合了离心泵和轴流泵的优点，具有较高扬程和较大流量，适合于平原河网地区和丘陵灌区使用。

4. 潜水电泵

潜水电泵是将密封防水性能良好的电动机与水泵组合在一起，潜入水中工作的排灌机械，其结构紧凑，体积小，安装使用方便，适用于深井取水或鱼塘抽水。图 7-6 为 QY 型油浸式潜水电泵的结构图，其主要由立式电机、水泵和密封装置三大部分组成。

(1) 立式电动机。采用三相鼠笼式异步电动机，电机轴上端外沿安装水泵叶轮，电机接电源后，转子旋转，带动水泵叶轮工作。

(2) 水泵。根据扬程要求，水泵可采用离心式、轴流式或混流式。滤网用于过滤鱼虾、水草等杂物。工作时，水由上进入水泵，然后由泵体流道排出，经出水管送到高处。

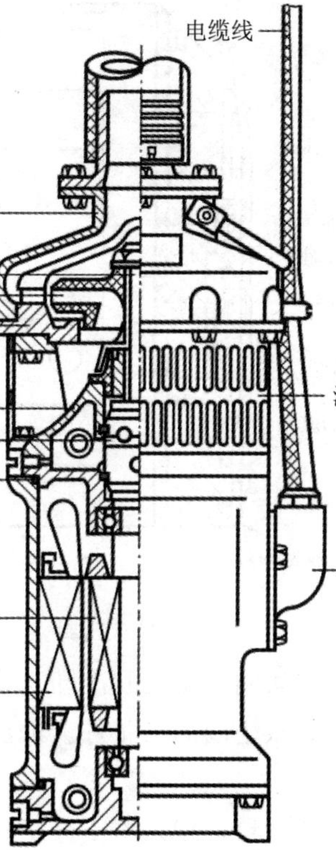


图 7-6　QY 型油浸式潜水电泵

（3）密封装置。油浸式潜水电泵采用整体式密封盒，其结构如图 7-7 所示。电机轴从轴套穿过，并通过轴套带动支座和动磨块，连同弹簧一起旋转；外壳装在电机上盖膛孔中，通过两端的小凸起卡住静磨块保持静止。所有静止配合部位都装有橡胶密封圈，上下两副动静磨块构成的具有相对运动的配合面，是水可能侵入电机内（或有绝缘油漏出电机）的唯一通道。因此，动静磨块的摩擦面经精细研磨加工，在弹簧及绝缘油的作用下，能够可靠地密封防水。

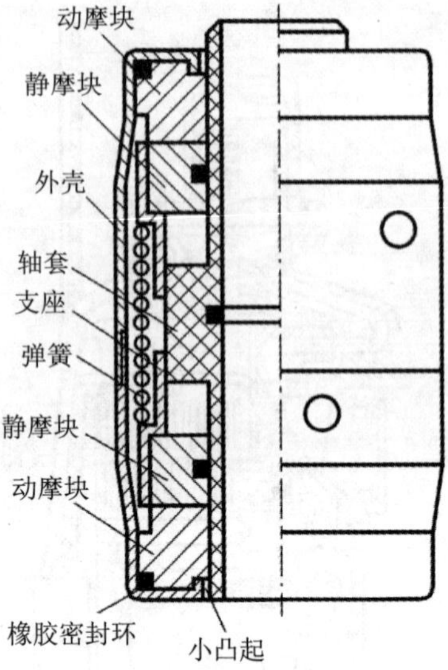


图 7-7 整体式密封盒

为了保证动、静磨块间的润滑和冷却，在电机内腔及密封油室内，各装有一只形状如救生圈的扩张件。油温变化时，扩张件相应胀缩，起缓冲作用。

电机下盖有一放油螺钉，用以检查分析油质变化，检查潜水电泵的密封情况。

## 第二节 农用水泵的使用与维护

### 一、水泵的安装

1. 水泵的安装高度与安装位置

(1) 水泵的安装高度

为避免产生汽蚀，农村小型排灌站的水泵，如进水管配套合理，可用允许吸上真空高度减去 2.5～3 m（带底阀）或 1.5 m（不带底阀）左右，作为实际安装高度。

（2）水泵的安装位置

农村小型排灌站，在选择水泵安装位置时应注意：水泵安装地址要水源充足、水质干净，水泵尽可能安装在灌区适中位置，以缩短出水管和输水管的长度；水泵安装地址地基应坚固、干燥，并有足够大的平坦面积，以保证水泵在运行中不因振动而塌陷，且便于操作和拆卸检修。

2. 水泵机组的安装

（1）水泵的基础

水泵的基础的作用是固定水泵和动力机，承受机组运行中的振动，分为固定基础和临时基础。固定基础用钢筋混凝土浇筑而成，经常流动作业的小型排灌站的基础，一般用硬木或型钢制成。

（2）水泵与动力机的联接

用联轴器直接传动时，两轴必须同轴，两联轴端面段留有间隙，否则将产生震动，缩短使用寿命。检查方法如图 7-8 所示，将角尺靠在联轴器外圆，检查上、下、左、右四个方向，若角尺与联轴器外圆无缝隙，表明已同轴，否则，可通过增减水泵或动力机与底座间的垫牌予以调整。

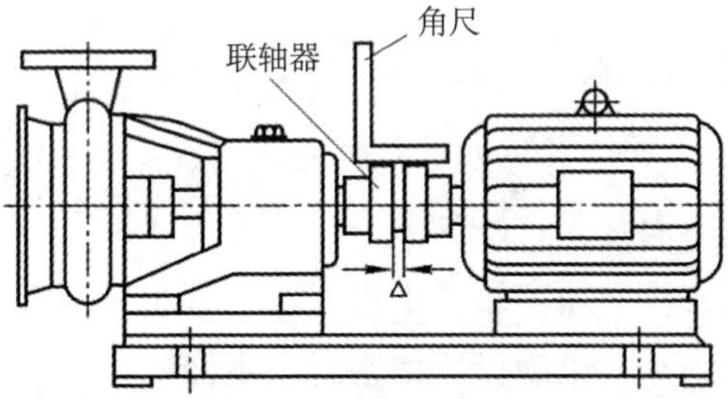


图 7-8　水泵机组的同轴度的检查示意图

若为皮带传动，两带轮的轴线必须平行，即两带轮的宽度中心线必须重合，以免皮带滑脱（平皮带传动）或加速皮带磨损（三角皮带传动）。其平行度误差可按图 7-9 所示的方法检查。

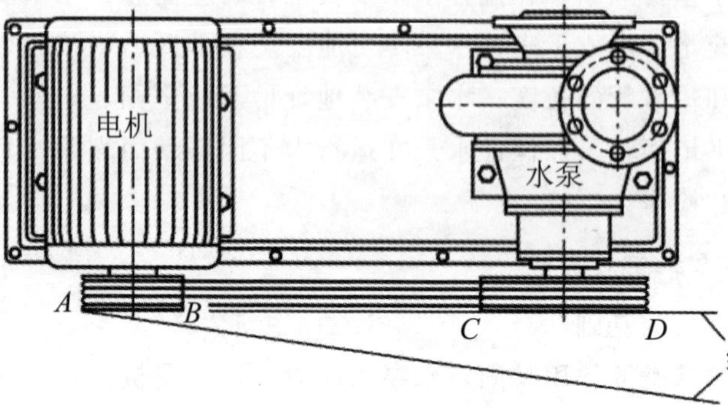


图 7-9　用细绳检查两带轮轴的平行度示意图

若两带轮宽度相等，可用一细绳紧靠动力机带轮的 A 点，将细绳逐渐靠近水泵带轮并拉紧，细绳与 A、B、C、D 同时接触，则两轴平行，两轮宽度中心线重合。若两轮宽度不相等，可将细绳与宽带轮靠紧，用钢尺量出窄带轮 C、D 两点至细绳的距离，若相等且等于两带宽度差的一半，则两带轮轴线平行，两带轮宽度中心线重合。

3. 进水管与底阀的安装

如图 7-10 所示，安装进水管时应注意：

（1）尽量缩短管长，减少弯头。

（2）管路支承必须牢靠，不可将进水管重量压在水泵上；各接头处须有密封胶垫，以确保严格密封，不漏气。

（3）进水管路须装变径管时，变径的偏心须朝下（图 7-10(b)），为了防止进水管存气，影响吸水，进水管任何部位均不得高于水泵进口的上边缘（图 7-10（b）和图 7-10（c））。

（4）弯头与进水管之间，应装一段长度约为直径 3 倍的直管段，以免水流紊乱，影响水泵效率，如图 7-10（a）所示。

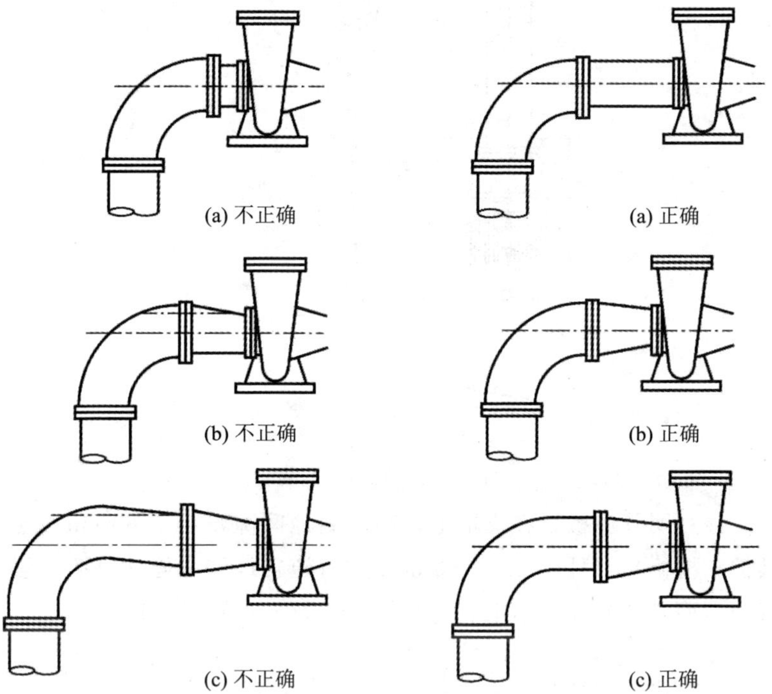


图 7-10　进水管的安装

（5）带有底阀的进水管应垂直安装（图 7-11），若因地形限制须倾斜安装时，与水面的平角应大于 45°，以免底阀关闭不严，给下次启动带来困难。底阀的淹没深度不得小于 0.5 m，底阀至沟底、沟壁的距离应大于或等于底阀直径。

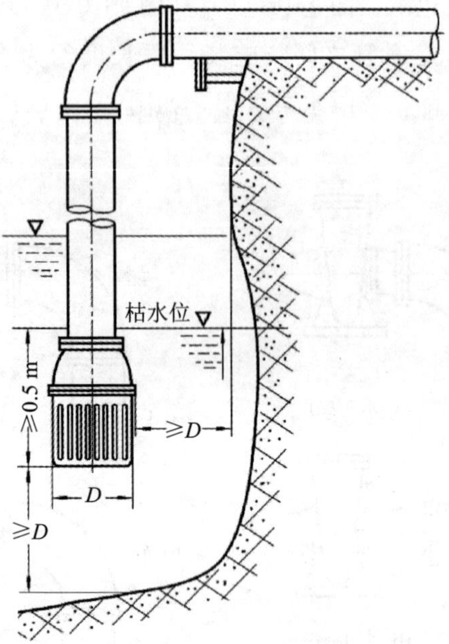


图 7-11　底阀的安装

（6）明管应敷设在支墩上，明管离地间隙不小于 60 cm（便于维护和检修），每隔 120～150 m 或在管道轴线转弯处（包括平面转弯和立面转弯）设置镇墩，将水管完全固定，如图 7-12 所示。

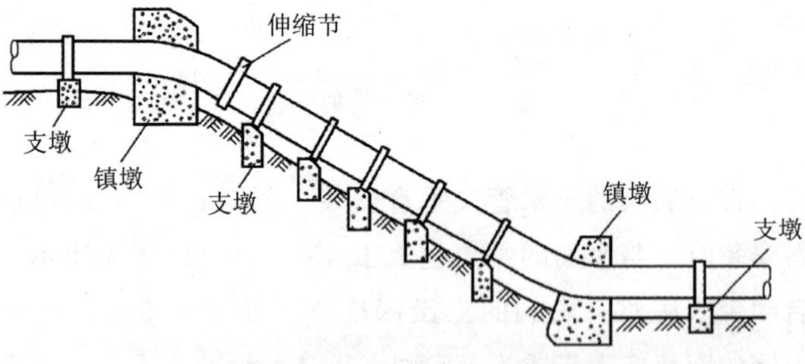


图 7-12　管路的安装与支撑示意图

4. 出水管路的安装

出水管应每隔一定距离高支墩固定，以防管路滑动和避免出水管路对水泵的压力。为了节约能源，增加水泵流量，出水管应避免“高射炮”式的安装。以淹没出流为好，但出水管口不宜低于出水池水面太多。

## 二、水泵的使用

1. 起动前的准备

新安装或很久没有使用的水泵，起动前须做好以下检查或准备，确认无任何异常后方可投入使用。

（1）检查各部分连接螺母、螺栓有无松动或脱落。

（2）转动联轴器或皮带轮，检查叶轮旋转是否灵活，泵内有无不正常声音，判断转向是否正确。

（3）检查填料松紧是否合适，润滑油（脂）数量是否足够、质量是否完好。

（4）向泵内灌满引水或用真空泵抽气引水。

2. 水泵运行中的注意事项

（1）对加装有监测仪表（如真空表、压力表、电流表、电压表）的水泵，检查各仪表工作是否正常。

（2）检查水泵机组是否有不正常的响声和振动，检查机组温度是否正常。

（3）检查轴封装置工作是否正常。若是填料密封，发现过紧（轴封处过热）或过松（轴封处漏水严重，甚至不上水），应及时调整。

（4）注意水源水位变化和水泵出水情况。若水源水位下降过多，吸进空气，或因吸程过高引起水泵汽蚀时，应及时停机，待水位回升时采取其他措施。若出水突然减小，多是底阀或是泵内被杂物堵塞所致，必须及时排除。

## 五、水泵的维护与修理

1. 水泵的保养

（1）定期检查并紧固各连接螺栓，清洁水泵外表。

（2）定期检查更换润滑油。用机油润滑的水泵，每隔 500 小时更换一次（新泵第一次工作 100 小时更换）；用润滑脂（黄油）润滑的水泵，每隔 1 500 小时更换一次。

（3）及时检查调整填料松紧度，必要时更换填料。

（4）长时间停用的水泵，应放出泵内存水，擦去水渍，防锈，在加工面和螺栓上涂抹机油或黄油，存放于干燥处。

2. 水泵运行中常见的故障

水泵运行中常见的故障现象、原因及排除方法见表 7-2。

**表 7-2 水泵运行中常见的故障现象、原因及排除**

| 故障现象 | 故障原因 | 故障排除 |
|---|---|---|
| 起动后不出水或出水量不足 | （1）起动前泵及进水管内未灌水或泵内存有空气；<br>（2）管路接头、轴封漏气，进水管安装不当；<br>（3）水泵转向不对或转速过低；<br>（4）吸水扬程过高；<br>（5）总扬程过高；<br>（6）底阀淹没深度不够，开机后吸入空气 | （1）重新灌水、排气；<br>（2）紧固调整，重装进水管；<br>（3）调整水泵旋向及转速；<br>（4）降低吸水扬程；<br>（5）换用高扬程水泵；<br>（6）增大底阀淹没深度 |

续表

| 故障现象 | 故障原因 | 故障排除 |
|---|---|---|
| 水泵运行中出水量下降 | (1) 进水滤网或叶轮槽道部分堵塞；<br>(2) 填料磨损、松动，水封环堵塞，泵内进气；<br>(3) 水源水位下降，吸程增加，水泵汽蚀；<br>(4) 动力机转速过低；<br>(5) 水泵转速过低 | (1) 停机后清除堵塞物；<br>(2) 更换、调整填料松紧度；<br>(3) 待水位回升或采取其他措施；<br>(4) 提高动力机转速；<br>(5) 重新匹配皮带轮直径 |
| 功率消耗大 | (1) 填料紧度过大；<br>(2) 水泵转速过高；<br>(3) 润滑不良，轴承磨损；<br>(4) 泵轴弯曲；<br>(5) 联轴器不同轴；<br>(6) 皮带过紧 | (1) 调整填料松紧度；<br>(2) 调整转速或换用皮带轮；<br>(3) 更换轴承，添加润滑剂；<br>(4) 校正或更换泵轴；<br>(5) 调整两联轴器同轴度；<br>(6) 调整皮带张紧度 |
| 水泵运行中有强烈的振动和噪声 | (1) 地脚螺钉松动；<br>(2) 管路支撑不牢固；<br>(3) 轴承损坏；<br>(4) 泵轴弯曲；<br>(5) 动力机、水泵联轴器不同轴；<br>(6) 实际吸水扬程过高引起水泵产生汽蚀；<br>(7) 实际使用扬程过低使水泵产生汽蚀；<br>(8) 叶轮槽道局部堵塞或磨损 | (1) 紧固地脚螺钉；<br>(2) 加固管路支撑；<br>(3) 更换轴承；<br>(4) 校正或更换泵轴；<br>(5) 调整联轴器同轴度；<br>(6) 降低水泵安装高度；<br>(7) 换用低扬程水泵；<br>(8) 清除堵塞物或更换叶轮 |

3. 水泵的检修

水泵一般一年检修一次。检查内容包括拆卸水泵，清洗零部件，检查鉴定零件技术状态，修复或更换磨损严重及损毁零件。

（1）叶轮的更换。当叶轮出现下列情况之一时，应予以更换：

①因机械损伤造成叶轮表面裂纹或局部缺损时；

②叶轮汽蚀严重，表面出现蜂窝状损坏，甚至穿孔时；

③叶轮进水口外缘严重磨损时；

④叶轮壁面因冲刷变薄，其机械强度受到影响时。

（2）泵轴轴套的更换与修理。泵轴在使用中的缺陷，主要是在泵轴穿出轴封处，因与填料摩擦产生沟槽，造成漏水、漏气。修理方法：装有轴套的水泵更换轴套，无轴套的水泵，强度允许时，可将泵轴磨损处车小，然后镶装轴套，轴套外径与泵轴原外径相同，轴套内径与泵轴采用紧配合；对无轴套、又不宜车削的磨损泵轴，则应更换新件。

# 第八章　农副产品加工机械使用与维护

农副产品加工机械的范围很广，有粮食加工机械，饲料加工机械，以及油料、棉花、茶叶、烟草加工机械等。本书仅介绍农村较为常用的几种，如四分离碾米机、圆盘式磨粉机、榨油机、茶叶加工机械等。

## 第一节　四分离碾米机

### 一、结构及工作原理

1. 结构

四分离碾米机主要由集糠除尘装置、进料装置、传动装置、碾白装置、米糠分离装置和出料装置等部分组成，如图 8-1 所示。

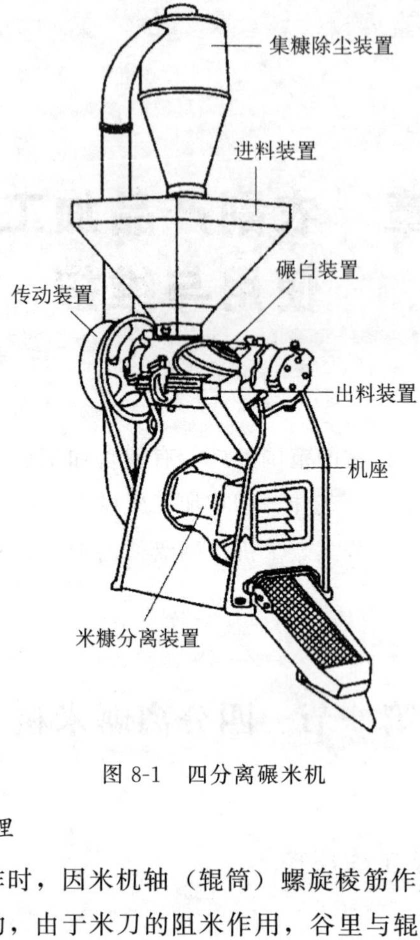


图 8-1　四分离碾米机

2. 工作原理

碾米机工作时，因米机轴（辊筒）螺旋棱筋作用，谷里在碾白室内做螺旋运动，由于米刀的阻米作用，谷里与辊筒、米机盖、米刀、米筛之间，以及谷里相互之间的摩擦擦离作用逐渐增大。当这种作用大于谷壳与皮层、皮层与胚乳的联结力时，谷壳即与皮层脱离，送至出料口的米糠混合物经米糠分离装置自动分离成白米、细糠、小碎米和谷嘴，达到碾白的目的。

## 二、四分离碾米机的使用维护

1. 使用前的检查

(1) 检查辊筒的安装情况是否符合要求。两节辊筒的连接处应平整，其上的棱筋必须对齐，若无法对齐，筋的突出方向应顺着米粒的流动方向；检查辊筒与轴、辊筒与闷盖的连接是否牢固可靠；辊筒与出口端应靠紧，最大间隙不超过 2 mm，以防嵌米而造成碎米。辊筒磨损后应及时更换。

(2) 检查米筛的安装情况。压紧米筛的角铁应紧贴机箱，并与机箱平齐。两块米筛平接时不得有缝隙。米筛是易损件，磨损后应及时修复或更换。

(3) 检查各紧固件是否松动，润滑是否正常。

2. 碾米的调节

(1) 辊筒转速调节。在其他条件不变的情况下，提高辊筒转速，米粒在碾白室的运动速度加快，碾白时间缩短，生产效率提高，但碾白精度低，含谷量增多。

(2) 进出料阐板的调节。使用中常以进料阐板控制喂入量，使动力机不超负荷；而以出料阐板控制碾白室压力，保证碾米精度。

(3) 米刀与辊筒间隙的调节。在其他条件相同的情况下，在一定范围内减小米刀与辊筒间隙，将加大稻谷在碾白室内的阻力，从而提高碾白精度，但碎米率随之增加。米刀的调节应与进出阐板开度的调节配合进行。一般先开进料阐板，用出料阐板调节碾白精度，若仍达不到要求，再调节米刀。复查进料阐板开度，看能否再提高喂入量，经调节达到要求后，经螺母拧紧，不再随意变动。

(4) 米筛更换。若发现米糠中混有整米，即应检查米筛有无漏米现象，若米筛安装不当或有破损，应重装或修补，破损严重时必须更换，否则应换用小孔径米筛。

# 第二节　磨粉机

## 一、结构及工作原理

1. 结构

圆盘式磨粉机俗称小钢磨，主要由进料、磨粉、调节、筛粉、传动等部分组成，如图 8-2 所示。

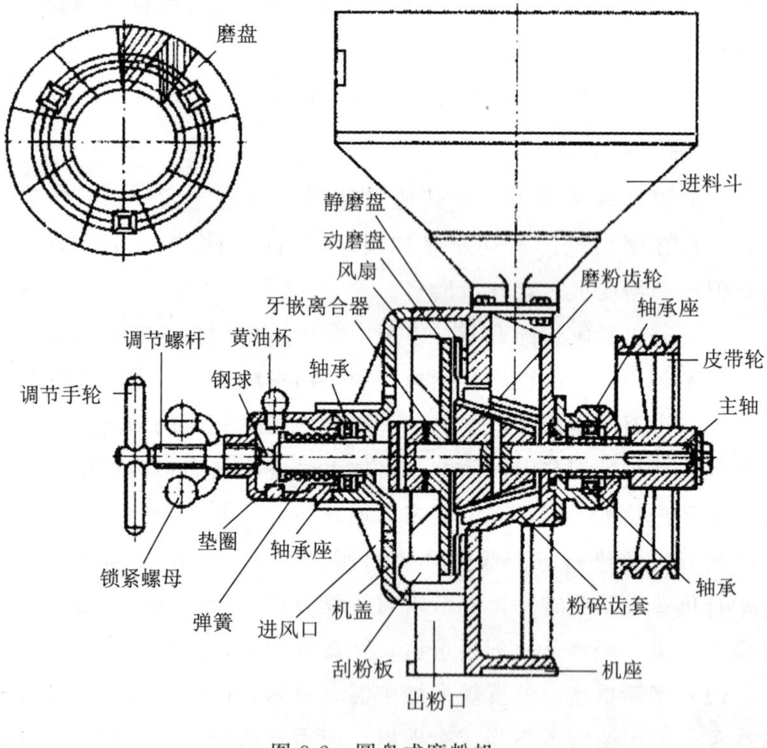


图 8-2　圆盘式磨粉机

2. 工作原理

物料由盛料斗进入粉碎齿轮与齿套间做粗粉碎后，进入动、静磨盘之间进行研磨，研磨的粉料经刮粉板的刮送落入筛粉箱进行筛理，使粉与麸皮分离。

## 二、磨粉机的使用维护

1. 使用前的检查

（1）检查磨粉机各部件装配、运转是否良好，润滑是否可靠，皮带松紧是否合适。

（2）检查调节机构是否正常，当放松弹簧时，动盘能否及时弹回。

（3）检查筛网有无破损或松动。

2. 操作方法

（1）磨粉机启动后，运转正常时方可喂料，喂料不可间断、不可过急，以免堵塞、损坏筛网。

（2）加工物料应先粗后细，控制进料闸板，一般宜分 2～3 次磨成细粉。

（3）每次调节动、静磨盘间隙后，必须拧紧螺母，以保持好调节的间隙。

（4）停磨前，应先退回调节螺杆，使动、静磨杆及时脱开。

3. 维护保养

（1）磨粉结束后，将机内清理干净，检查紧固件是否松动、筛网有无损坏或松动。

（2）定期检查调节机构进退是否灵活，磨盘是否磨损，发现问题及时修复。

（3）更换动、静磨盘时，静磨盘与机体、动磨盘与风扇的同轴度偏差不大于 1 mm。

(4) 定期检查轴承的润滑及磨损情况。

## 第三节 榨油机

### 一、结构及工作原理

1. 动力螺旋榨油机

动力螺旋榨油机主要由机体、中体组件、调节及传动等部分组成，如图 8-3 所示。

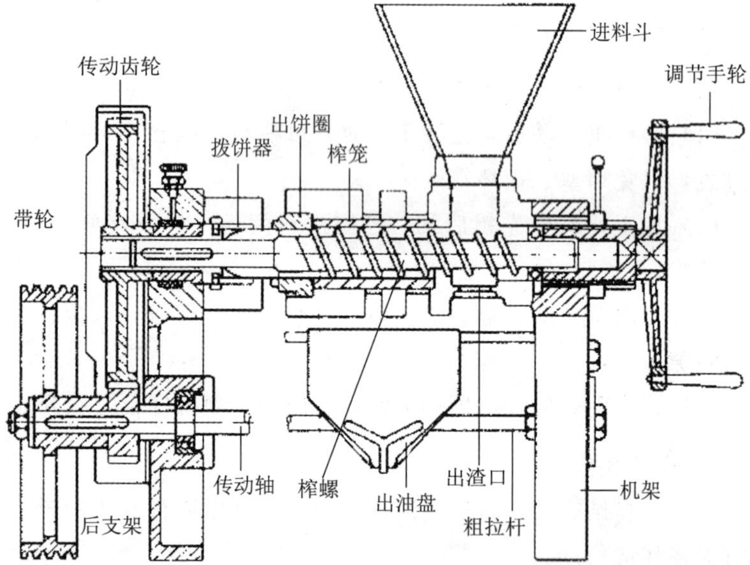


图 8-3 动力螺旋榨油机

当油料由料斗加入后，即被传动的榨螺推入榨膛，由于榨螺根径不断变粗，使炸膛容积不断变小，造成压力越来越大，同时，油料与炸膛、榨螺及其相互之间的摩擦作用不断加强，温度逐渐升高，因而将油料中的油脂挤出，并从榨笼的榨条缝隙中流出至出油盘、出油槽，油饼从出饼圈挤出，油渣从出渣口排出机体以外，如图 8-4 所示。

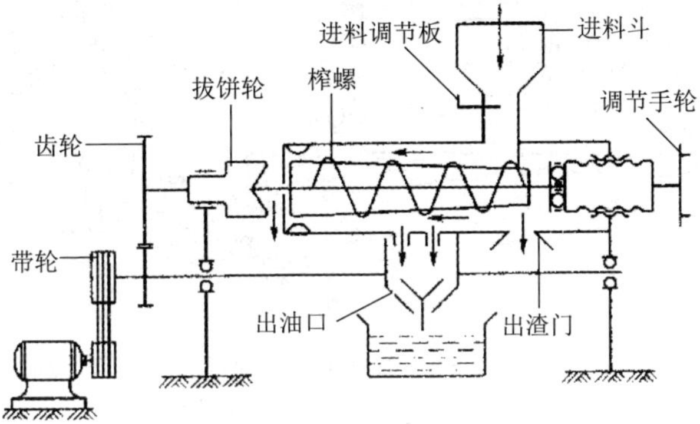


图 8-4　螺旋榨油机工作过程

榨螺的转速，对油榨机的性能有较大影响，转速低，生产率低，压榨时间长，出油率高；转速高，压榨时间短，生产率高，出油率低。因此，进行榨油作业时，应选择适当转速，保证出油率和生产率。榨油机榨螺的转速有两种范围：小型榨油机榨螺转速为 100～200 r/min，大中型榨油机榨螺转速为 30～50 r/min。

2. 卧式液压榨油机

卧式液压榨油机主要由机体、预压、退压、四通阀和油泵四大部件组成，如图 8-5 所示。

液压榨油机是根据水压机原理设计的，即在封闭容器内的液体的任意一点的压力若有变化，能将作用力以同样大小的压强传向一切方向，如图 8-6 所示。液压榨油机在结构上保证两活塞直径之比大于 10 ，压力之比就会大于 100，因此，尽管摇动杆的力很小，但在榨油机油缸的活塞上却能产生很大的作用力，足以将油料中的油榨出来。

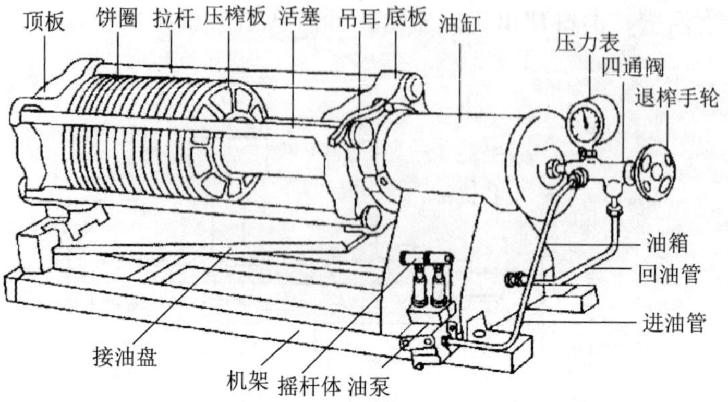


图 8-5　卧式液压榨油机

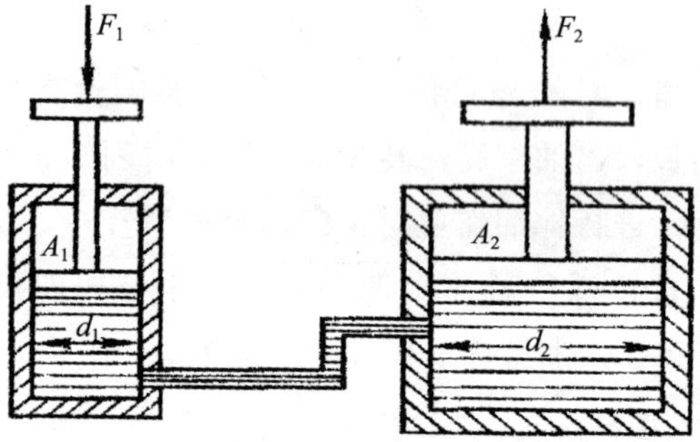


图 8-6　液压榨油机工作原理示意图

为了提高出油率，榨油时，应先慢后快、先轻后重，亦即在压榨前期速度要快，压力要轻，当油料压到一定程度时，就慢速重压，使油料中的残油尽量流出，所以液压榨油机的油泵一般采用高、低压双泵，并有两种不同压榨速度，以实现这一要求。

## 二、榨油机的维护使用

1．使用前的准备

（1）压榨前应适当控制油料的干湿度，清除油料中的杂质，以免破坏机件。

（2）条件允许时适当控制榨房的温度，以提高出油率和出油质量。

（3）榨油机榨取非食用油后，应彻底清洗干净，绝对禁止与食用油混杂。

（4）使用前应对机器进行全面检查，确认无异常后方可投入工作。

2．操作步骤及注意事项

（1）开机前先将调节手轮拧紧，然后拧松调节手轮退回主轴，使主轴与出饼圈有一定间隙，至饼厚为0.5～1 mm时，机器可投入正常工作。调节饼厚不能用力过猛，调节好后不要再扳动手轮。

（2）加料不可过多过急，以免负荷突然上升而损坏机件。

（3）工作中应检查出饼情况，若出饼不畅或不出饼，应立即停止加料，清除进料口处的存料，再慢慢退出主轴，检查中体组件有无堵塞。

（4）经常清除漏渣，以免堵塞油路，回收的油渣可以放入油料中继续压榨。

（5）工作中禁止用手或铁棒拨弄进料口和出饼处，以免发生事故。

停榨前先关闭进料闸板，将螺旋退出几圈，使炸膛内的余料排净后再停机。

3．油榨机的维护保养

（1）每班工作结束后，应清洗中体组的残饼，擦干净表面油垢，盖上防护罩。

（2）按说明书要求，定期润滑各部位。

（3）生产季节结束后，长期封存时应进行一次检修，其主要检修项目包括：调整炸膛与榨螺的同心度；检查各部件磨损情况，榨螺、榨条和出饼圈均是易损件，磨损后应及时更换；检查和清洗轴承时，应添加或更换润滑脂。

# 第四节　茶叶加工机械

## 一、茶叶加工机械的类型及结构

茶叶加工机械主要有茶叶杀青机、茶叶揉捻机和茶叶干燥机。

1. 茶叶杀青机

杀青的目的是利用高温破坏鲜叶的组织和氧化酶的活性，保持绿茶“清汤绿叶”的特色；蒸发水分使叶质软化，以利于揉茶。

锅炉式茶叶杀青机是最早取代手工杀青的机械设备，它是模仿传统的手工杀青工艺设计而成，各类茶厂及制茶大户广为使用，如图 8-7 所示，锅炉式茶叶杀青机主要由茶锅、传动机构和茶灶组成。

2. 茶叶揉捻机（揉茶机）

利用机器运转时对茶叶的揉、捻、搓、压及翻转作用，揉坏组织细胞，挤出茶汁，使茶叶条索卷紧，更耐冲泡；促使茶叶产生化学变化，形成良好茶香。

国产茶叶揉捻机主要是曲柄回转揉盘式结构。品种较多，都是由揉捻机构、减速机构、加压装置、托盘及机架组成，如图 8-8 所示。

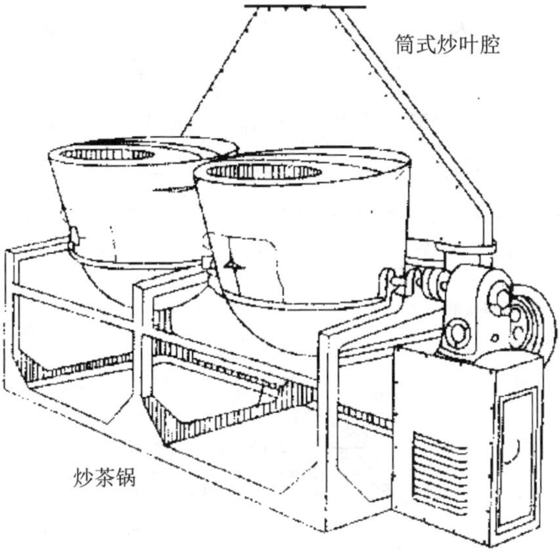


图 8-7　锅炉式茶叶杀青机

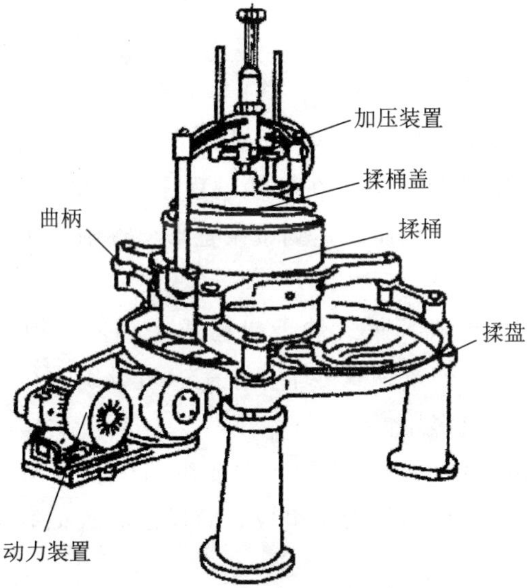


图 8-8　茶叶揉捻机

3. 茶叶干燥机

(1) 茶叶烘干机。如图 8-9 所示为箱式烘干机的结构示意图，其主要由输送带、烘箱、鼓风机等组成。烘箱是由薄钢板和角钢制成的顶部敞开的矩形断面箱体，内装单面承料的百叶链板（烘板）5～6 层或双面承料的百叶链板 3 层，空气经热气发生炉加热后，由鼓风机送入烘箱。茶叶由输送带从烘箱顶部送到第一层百叶链板的一端落下并流出烘箱。

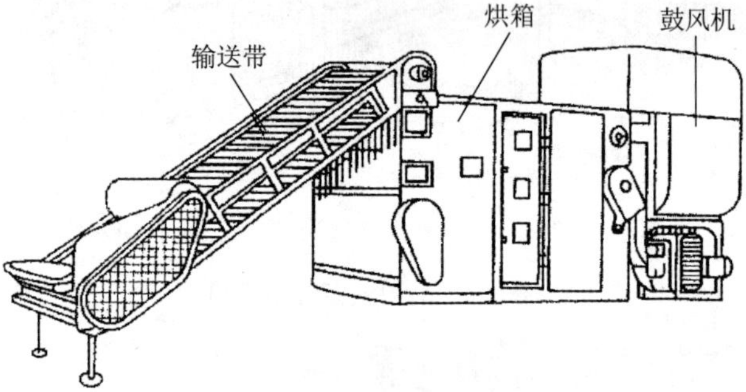


图 8-9　茶叶烘干机

(2) 锅式炒干机。其结构与锅式杀青机相似，是利用热传导作用使茶叶从锅壁吸收热量，在翻炒过程中，经炒手的推、挤、翻、抛作用，使茶叶相互挤压，达到紧条整形、逐渐失去水分而干燥的目的。

(3) 瓶式炒干机。瓶式炒干机已成系列，结构简单、使用方便，炒茶质量可与传统锅式炒干机媲美。可分别进行杀青和炒干两道制茶工序，一机多用。

瓶式炒干机如图 8-10 所示。主要由筒体、烟囱、减速传动机构、风机、炉灶及前后机架等组成，筒体形状近似瓶子，故称瓶式炒干机。

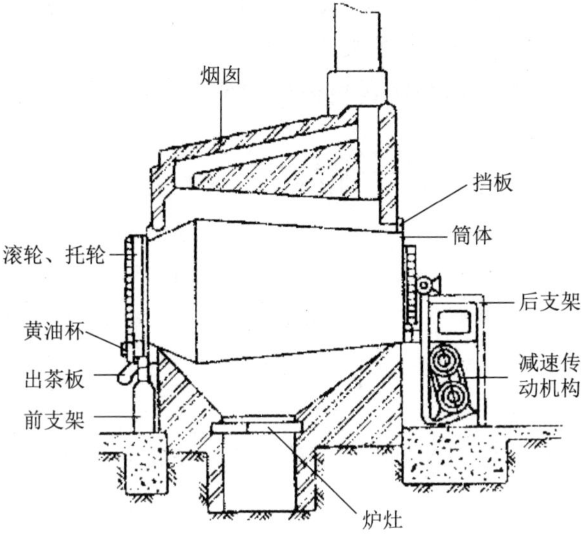


图 8-10 瓶式炒干机

茶叶在瓶式炒干机中的干燥过程：滚筒被炉灶加热至一定温度时，启动动力机，减速传送机构带动滚筒旋转，将待干制茶叶从瓶口加入；茶叶在滚筒内不断翻转，吸收筒壁热量，叶温升高，使水分汽化蒸发达到干燥目的。与此同时，茶叶随滚筒旋转被带到一定高度后呈抛物线落下，茶叶即在滚筒旋转离心力、茶叶与滚筒及茶叶与茶叶相互间的摩擦力、茶叶随滚筒运动时的惯性力、下落时的重力等多种力的作用下，受到搓、擦、挤等多重作用，逐渐揉捻成条索，随着失水而紧结。汽化后的水分经排气扇排出，茶叶内容物也随叶温升高而变化，逐渐形成色泽翠绿，色、香、味、形俱佳的品质特征。

## 二、茶叶加工机械的保养与维修

### 1. 茶叶滚筒杀青机的保养与维修

滚筒杀青机适用于各种绿茶的连续杀青作业，常用的有 30 型和 40 型两种，热源形式有煤或柴式和电热式。它是茶叶加工中最常用的机械。其保养和维修要点如下：

（1）更换蜗轮蜗杆减速箱内的润滑油，润滑油可选用 10 号、20 号或 30 号机油。

（2）清除所有摩擦面上的污垢，尤其是要对链条和链轮进行清洗，重新加注润滑油。

（3）链条若过松，可去掉几节以进行调整，若已严重拉长，则应更换。调整和更换链条时应注意：链条接头处弹簧卡片的安装方向应与链条的运转方向一致，以免运行时产生冲击、跳动，甚至碰撞脱落。

（4）对所有滚动轴承进行拆洗，并加注新的润滑脂，可采用钙钠基润滑脂。

（5）检查炉灶是否漏烟，若发现漏烟，应对滚筒挡烟圈、炉灶和烟囱等进行检查，发现损坏应及时修复和更换。电热机型应检查电热管有无损坏，有损坏的应予更换。

（6）各部件修复后进行全机组装，开机运转，观察机器运转是否正常。适当加热滚筒，并投入少量炒茶专用油，使其熔化，覆盖筒体内表面，然后切断所有电源。必要时可对机器外表补喷油漆，干燥后用塑料纸覆盖，置于干燥场所保存。

2. 茶叶揉捻机的保养与维修

揉捻机靠三角皮带传递动力，在年终保养时，最好更换新带，以保证来年的正常运转。选用的三角皮带，其长度和型号应参照使用说明书。皮带截面型号应与轮槽型号一致，以保证三角皮带截面在轮槽中的正确位置。新装的三角皮带外缘可略高于轮缘。新皮带装上或在以后的运转中，其张紧度应保持适当，过紧则皮带易损坏、轴承易发热，过松则会造成传动时皮带打滑。一般情况下，三角皮带的张紧度以大拇指能按下 15 mm 左右为宜。

3. 茶叶自动烘干机的保养与维修

（1）当发现烘网有损坏时，应及时更换。更换方法为：先将该层烘网主传动端链轮卸下，操作者面向机器，在机器左侧将该层烘网主、被动轴端盖上的螺栓拧下，抽出主、被动轴部件，打开观察门，将烘网链条取出箱体，换上新烘网时，注意每间隔 6～8 根托网辊用不锈钢丝将烘网与托网辊绕拧紧固，然后按上述相反步骤安装调试。注意在以被动轴两端的调距座调整烘网链条张紧度时，链条不可过紧或过松，并且左右两根链条张紧度必须保持一致。

（2）检查与自动烘干机配套使用的热风炉各部件，如炉膛、炉栅、烟囱、内壁以及热风管道接头等处有无损坏，如有损坏，应修复或更换。

# 第九章　植保无人机使用与维护

无人机简称 UAV（Unmanned Aerial Vehicle，无人驾驶航空器），指不载有操作人员可以自主飞行或遥控驾驶的飞行器。完整意义上的无人机应称为无人机系统（Unmanned Aerial System，UAS），是由无人机、相关的遥控站、所需的指令与控制数据链路以及任务设备组成的系统。

农业植保无人机是无人机家族中一个重要的分支，即专门应用于农林植物保护作业的无人驾驶飞机，主要由飞行平台与喷洒系统组成，通过地面人员遥控或飞控系统自主作业来实现植保作业。它可以进行农药喷雾作业、叶面肥喷雾作业、促进授粉作业等，具有效率高、环保、作业效果显著、智能化等特点。

植保无人机按照飞行平台可分为直升机植保无人机、多旋翼植保无人机；按照发动机类型可分为油动与电动。电动多旋翼植保无人机的主要优点在于操作简单、性能可靠。以市场主流产品为例，处于工作年龄范围内且身体健康的零基础学员，经过短期培训能够基本掌握该产品的使用方法，并能够进行基本作业操作。多旋翼植保无人机购机成本、摔机成本、维护成本都低于直升机植保无人机，这是近几年多旋翼植保无人机迅速发展起来的重要原因。下面主要介绍电动多旋翼植保无人机。

# 第一节　电动多旋翼植保无人机系统组成

## 一、机身组件系统

机身组件系统主要由机架、动力模块、飞控模块和喷洒模块组成。电动多旋翼植保无人机结构如图 9-1 所示。

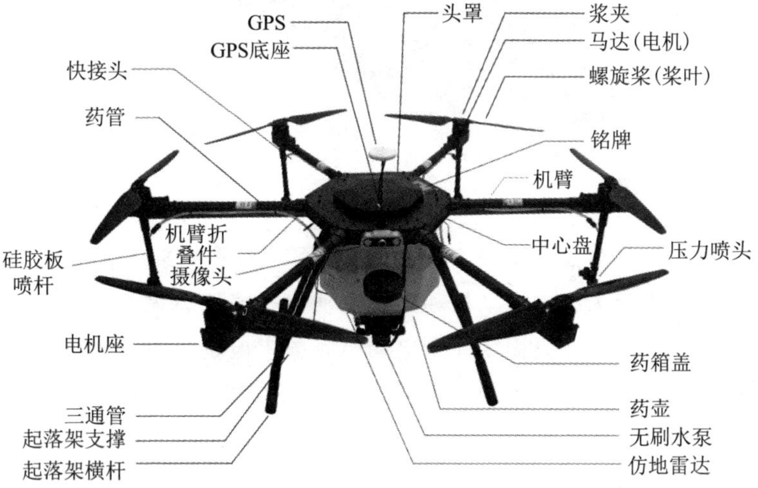


图 9-1　电动多旋翼植保无人机（中飞时代 3WWDZ-10A）结构

1. 机架

机架通常包括中心盘、机臂和起落架，为无人机体提供稳定的飞行平台。中心盘的主要作用是装载动力电池等各类设备，同时它是其他结构部件的安装基础，使各部件连接成一个整体。机臂用以扩充轴距，安装动力电机，有些多旋翼的脚架也安装在机臂上。起落架是停放、起飞和着陆时的支撑部件，还具有保护仪器设备的功能。

2. 动力模块

动力模块主要包括电动机、电子调速器、电池和螺旋桨等，如图 9-2 所示。

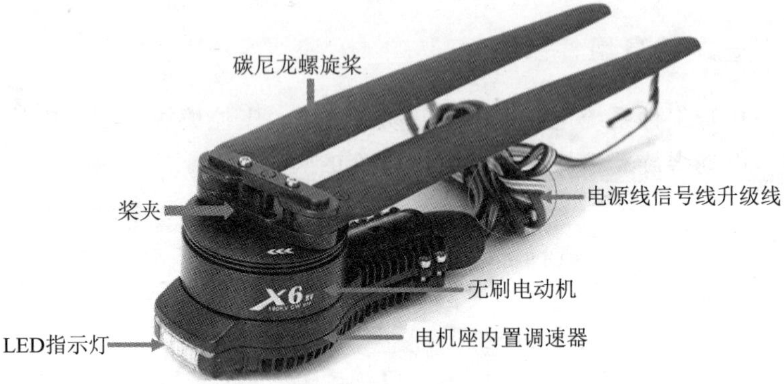


图 9-2　电动多旋翼植保无人机动力模块

电动机是多旋翼无人机的动力来源，为螺旋桨的转动提供动力。电动机分为有刷电动机和无刷电动机。多旋翼无人机通常使用无刷电动机，主要是因为无刷电动机省去了电刷，电动机运转时不会产生电火花，可极大地减少电火花对无线电遥控设备的干扰，且运转时摩擦力大大减小，运行顺畅，噪声低。

电子调速器通常简称为电调，是连接电池、飞行控制系统和电动机的部件。电调的作用有：一是电机调速，将飞行控制系统的控制信号转化为电流的变化，以改变电动机的转速，从而实现对多旋翼无人机的控制；二是变压供电，发挥了变压器的作用，将电池电压变为飞行控制系统和遥控系统需要的电压；三是电源转化，充当换相器的角色，将电池直流电转换为交流电供给无刷电机；四是其他功能，如电池保护、起动保护、制动等。如图 9-3 所示，电调上最粗的红线和黑线用来连接动力电池；较细的白红黑 3 色排线，也叫杜邦线，用来连接飞控；另一端 3 根单色线连接电机，如任意调换其中 2 根与电机的连接顺序，则电机反向运转。

图 9-3　电子调速器

电池是能量装置，为无人机提供电源。在相同电池容量的情况下，锂电池最轻，效率最高，因此多旋翼无人机大多选择锂电池。一般锂电池分为普通锂电池和智能锂电池。

螺旋桨的作用是由电动机驱动使其高速旋转，给无人机提供升力。其外形结构非常简单，一般由两片桨叶和中间的桨毂固定在一起构成。在小型多旋翼无人机中广泛使用尼龙螺旋桨，因为其成本较低，外形比较容易做得精确。

3. 飞控模块

飞控模块即无人机的飞行控制系统，是多旋翼无人机的核心设备，飞行控制系统的好坏从本质上决定了无人机的飞行性能。飞行控制系统集成了高精度的感应器元件，主要由陀螺仪（飞行姿态感知）、加速计、角速度计、气压计、GPS 及指南针模块（可选配）以及控制电路等部件组成。通过高效的控制算法，能够精准地感应并计算出无人机的飞行姿态等数据，再通过主控制单元实现精准定位悬停和自主平稳飞行。其主要功能是自动保持无人机的正常飞行姿态，对无人机实现全权控制与管理，它是无人机的中央控制单元，负责无人机上各单元的协调工作，并与地面站进行数据传输。

4. 喷洒模块

喷洒模块是植保无人机搭载的任务载荷，喷洒控制信息输出接口与继电器连接，飞控处理单元依据是否到达喷雾区域进行继电器开关的控制，从而控制电动泵是否进行喷雾作业。植保无人机喷洒系统主要包括药箱、水泵、软管和喷头。水泵是植保无人机喷洒系统的动力来源，目前主流的水泵类型是电动隔膜自吸压力泵，如图 9-4 所示。使用的喷头主要有压力喷头和离心喷头两种。配好的农药装入药箱，水泵提供动力引流，再通过导管到达喷头，将农药均匀喷洒到作物表面。

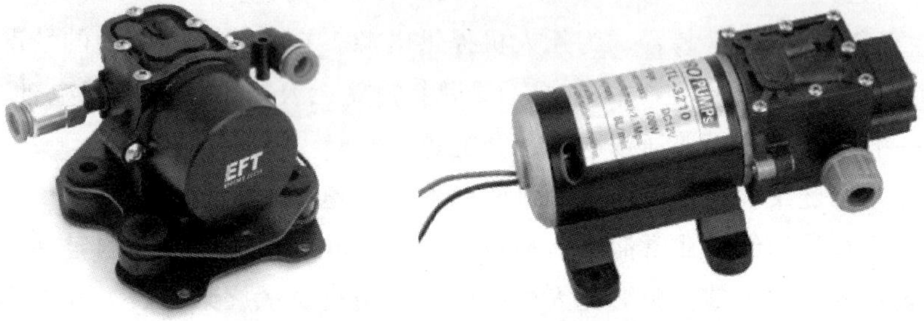


图 9-4　水泵

## 二、导航控制系统

1. 显示系统

地面控制站内的飞行控制席位、任务设备控制席位、数据链管理席位都设有相应分系统的显示装置，因此需综合规划，确定所显示的内容、方式和范围，如图 9-5 所示。显示系统的具体内容包括：飞行参数综合显示（飞行与导航信息、数据链状态信息、设备状态信息、指令信息）；告警（视觉：灯光、颜色、文字；听觉：语音、音调。一般分为提示、注意、警告三个级别）；地图航迹显示（导航信息显示、航迹绘制显示以及地理信息显示）。

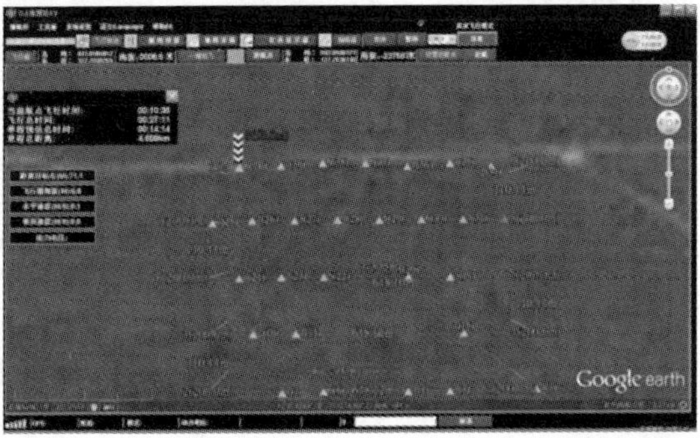


图 9-5 显示系统

2. 操作系统

对无人机的操控主要是依靠遥控器进行，遥控器如图 9-6 所示。

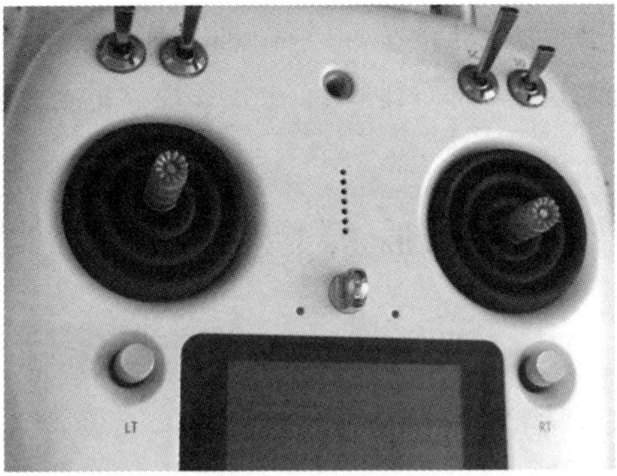


图 9-6 遥控器

其主要部件有：

油门舵：控制无人机上升下降的摇杆。

升降舵：控制无人机前后移动的摇杆。

副翼舵：控制无人机左右移动的摇杆。

方向舵：控制无人机左右旋转的摇杆。

遥控器有两种操作模式：

美国手：左手上下活动的摇杆为油门舵，左右活动的摇杆为方向舵；右手上下活动的摇杆为升降舵，左右活动的摇杆为副翼舵。

日本手：左手上下活动的摇杆为升降舵，左右活动的摇杆为方向舵；右手上下活动的摇杆为油门舵，左右活动的摇杆为副翼舵。

3. 通信链路系统

通信链路系统是无人机与地面操纵人员之间沟通的桥梁。主要包括：

（1）机载通信系统（天空端）：将无人机到地面站的遥测数据以及红外或电视图像等发送到地面端。早期植保无人机的机载通信系统分为接收机、Wi-Fi 模块和图传模块，随着技术的发展，现在已研制出将接收机、Wi-Fi 模块和图传模块融合成一体的数传模块。

（2）地面终端（地面端）：将控制信号以及任务指令及时发送到无人机。民用通信链路的地面终端硬件一般会被集成到控制站系统中，称作地面终端，部分地面终端会有独立的显示控制界面。

## 第二节　电动多旋翼植保无人机航空作业

### 一、起飞前检查

1. 天气环境要求

影响多旋翼植保机飞行安全的气象因素主要有风、雨、能见度、温度等。

风影响着无人机的稳定性、续航时间、相对地面的运动轨迹、速度和航向等，顺风飞行时续航时间将增长，逆风飞行时续航时间将相应地缩短，所以在任何一款多旋翼无人机使用说明书中都会明确其抗风等级。另外，天气预报的风速都是低空风速，无人机在空中飞行，如果飞到高空后风速及风向极有可能突变，远远大于低空风速。这时如果风速超过多旋翼无人机的抗风能力，无人机自身动力无法抵抗强劲风力，操作将变得十分困难。大部分的多旋翼无人机除特殊应用外都应在 5 级风以内进行飞行，以保证飞行安全。在进行植保作业时，应避免操作人员处在下风向，因为农业植保机喷洒的药物有可能产生漂移而随风飘散，导致操作人员吸入有毒药雾。

下雨会将作物植株上的药液冲洗掉，降低农药药效，甚至有可能造成失效，所以，喷药作业应在晴天或者阴天进行，切勿在雨中进行作业。另外，空气的相对湿度越大，表示空气中的水分子含量越大，也就是说，空气的黏度增大了，多旋翼无人机快速转动的螺旋桨将受到更大的空气阻力，从而消耗更多的电能，缩短了其续航时间。

能见度是指正常视力的人在当时天气条件下，从天空背景中能看到或辨认出目标物的水平能见距离。能见度距离短的飞行环境，将影响操作者对飞行距离的正确判断，容易导致超视距飞行，从而影响飞行安全。

环境温度对无人机器的影响主要是其能改变聚合物锂电池的充放电性能，锂聚合物电池属于化学电池，其充放电过程就是其内部进行化学反应的过程，低温将使电池的反应速率下降，从而造成续航时间、放电功率改变，电压骤降和飞行动力不足。因此，如需在较低温度下进行飞行，请做到飞行前务必将电池充满电，保证电池处于高电压状态；将电池充分预热至 25 ℃以上，降低电池内阻，建议使用电池预热器，对电池进行预热；起飞后保持飞机悬停 1 分钟左右，让电池利用内部发热，自身充分预热，降低电池内阻。另外，植保无人机喷雾作业雾滴较小，在高温天气下会加剧药液蒸发，使有效成分降低。高温天气下进行植保作业，本身就较易产生药害，所以应杜绝在温度为 35 ℃以上时作业。在晴朗的夏季，每天上午 6:00—10:00 和下午 16:00—19:00 是比较适合的作业时间。

2. 场地要求

在民用航空法规和相关管理规定的允许下，植保无人机飞行应远离机场及净空保护区、政府办公区域、人员密集区域、军事相关区域和敏感设施区域。起降场地平坦，场地周围表面无明显突起、树桩和小水塘。视野良好，200 米飞行半径范围内不能有高压线、高压塔、变电站、高大建筑和重要设施。起降场地附近没有正在使用的雷达站、微波中继、无线通信等信号干扰源。

## 二、起飞前的飞机检测

作业前完善的准备是良好作业质量的保障，我们需要做好前期的设备功能检查，确保进行精准、高效的作业。

1. 外观检查

（1）结构检查：目视及触摸检查螺旋桨、机臂、脚架、上下中心板是否完好，机身紧固件是否拧紧，有裂纹或者有缺陷需及时更换，螺旋桨有异物需及时清理。

（2）检查并确保电池插座、药箱进药口、药箱感应处无异物。

（3）电机检查：试转动力电机，确保动力电机牢固、无虚位、旋转顺畅无异响，散热涡轮（电机顶壳）方向安装正确。

（4）喷头检查：试转离心喷头，确保离心喷头牢固、旋转顺畅、喷盘完整。

（5）天线检查：检查并确保全部天线拧紧、无损坏。

（6）地形模块检查：检查并确保对地视觉镜头、雷达部分清洁、无异物遮挡。

（7）避障雷达检查：检查并确保雷达表面清洁、无异物遮挡，安装稳定。

（8）连接线路检查：检查并确保各连接线路对应连接，且接头无进药，连接牢靠。

（9）智能电池电量和卡扣检查：检查并确保智能电池电量充足，放置智能药箱和智能电池后开机；智能电池安装时听到“咔嗒”一声才表示安装牢固。避免电量不足，避免飞行中智能电池松脱。

2. 开机检查

（1）检查遥控器，确保电量充足并开机，同时打开手机 App，确保无人机在线，且与背夹正常通信。

（2）模块固件版本检查：点击“检查更新”，查看故障符号提示及检查模块固件是否最新，如未更新，升级至最新版本。

（3）动力检查：在动力系统参数界面进行不装桨的怠速测试，确认电机转向正常无异响；1、3 号电机逆时针旋转，2、4 号电机顺时针旋转，遵循“正桨反转，反桨正转”原则，电机电流不超过 2 A，转速差不超过 50 r/min，确保电机正常运转。

（4）喷洒检查：在喷洒系统参数界面进行喷洒系统自检，确认喷洒系统通畅，管道无破裂漏药，喷盘转动正常，流出液体无气泡。禁止在种植区域进行自检，如果作业药剂黏稠度、密度较大，需用药液对喷洒系统进行校准。

（5）感知检查：在地形模块、避障雷达系统参数界面，显示雷达正常且有读数；地形模块正常。

（6）通信检查：通信信号良好，且显示正常。

## 三、作业模式

目前植保无人机主要作业模式包括手动作业模式、*AB* 点作业模式、航线规划作业模式三种。

1. 手动作业

手动作业模式是早期最为常见的方式，是指全程依靠无人机操作人员（以下简称飞手）进行飞行的作业方式，所有的操作都由植保飞手来完成，灵活方便，无须测绘。但效果不佳，易重喷漏喷，飞手劳动强度大，易疲劳。智能化程度较低，适应于小型地块。

手动作业模式注意事项如下：

（1）不适合对重喷要求严格的除草剂作业。

（2）讲机必须保持电量充足，保证通话质量良好。

（3）需要观察飞行轨迹是否符合作业要求，保证作业质量。

（4）不适合两端距离 100 米以上的长航线作业，难以保障作业精度。

2. *AB* 点作业

*AB* 点作业是指以 *A*、*B* 两点确定一条直线作业路径，并以此条路径为标准，确定一个横移方向的自动作业模式。这种模式简单方便，以两点形成直线的方式快速生成作业航线，具有飞手工作强度低、喷洒较为均匀的特点。其灵活方便、自动作业，解决了植保飞手劳动强度高的难题，但只适合规整地块、部分不规则地块，对于不规则地块难以进行作业。

*AB* 点作业模式注意事项如下：

（1）*A*、*B* 点形成的直线必须与作业区域边缘平行，否则将会造成航线偏离作业区域，造成飞行中与障碍物碰撞而损坏。

（2）飞手需注意每次航线到达边界时，航点位置是否有变化。

（3）*B* 点与对面的防风林、障碍物须留有安全间隙，作业到最后一条航线时，必须确认是否有障碍物，如有则切到 GPS 手动飞回，如没有则一键返航。

（4）*AB* 点模式飞行中可实时调节垄长。为了适应不规则地块，*AB* 点长度在飞行过程中可通过俯仰杆实时调节。

以中飞时代 3WWDZ-10A 无人机为例，调节操作如下：

*AB* 点之延长（如图 9-7（a）所示）：当飞机快到边缘的时候，

拨动俯仰杆（推或者拉，远端为推，近端为拉），飞机会以 2 m/s 的速度慢慢前进，当快到达延长的位置时，俯仰杆归中，飞机停下，然后开始复制相应的航线，*AB* 点延长完毕。

*AB* 点之缩短（如图 9-7（b）所示）：当飞机飞到距离缩短位置相近的时候，拨动俯仰杆（推或者拉，远端为拉，近端为推），飞机会以 2 m/s 的速度慢慢前进，快到达缩短的位置时，俯仰杆归中，飞机停下，然后开始复制相应的航线，*AB* 点缩短完毕。

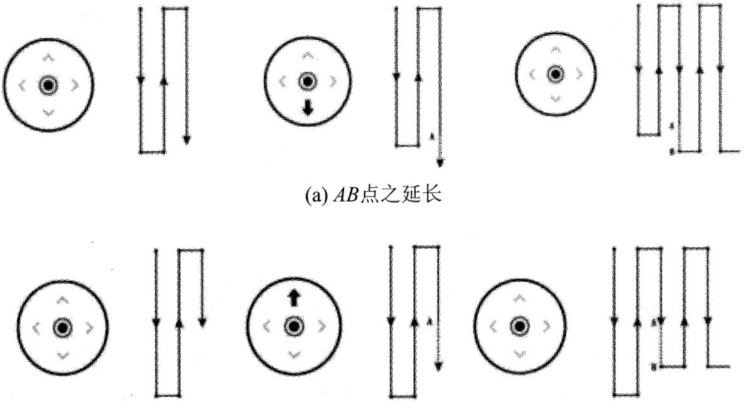

(a) *AB*点之延长

(b) *AB*点之缩短

图 9-7　*AB* 点作业实时调节垄长示意图

（5）*AB* 点可手动干预避障（图 9-8）。飞机在进行 *AB* 点作业时，当前面遇到障碍物后，首先拨动横滚杆（注意：根据飞手习惯，勿满杆操作），飞机会停下，然后向拨打的横滚杆的方向平移，平移到安全偏移量之后，可以进行俯仰杆操作，绕开障碍物，所有杆位归中后，飞机会自动回到 *AB* 模式下，然后进行后续作业。

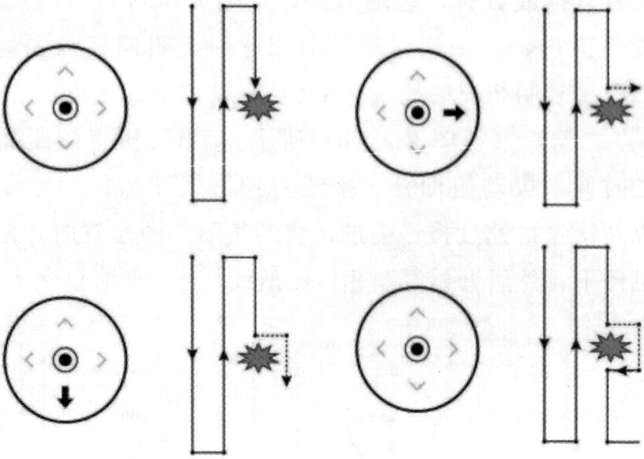

图 9-8　*AB* 点作业避障续飞调节示意图

3. 航线规划作业

航线规划是指对作业区域进行整体测绘，使植保无人机在规划区域进行自动作业。该模式能够适应绝大多数地形，并且全程自主作业，进一步降低了植保飞手工作强度，实现了全自主作业。作业前需要对地块做完整测绘，所以相对于其他作业模式需要更多的准备时间。植保飞手需要更多地掌握软件使用技巧，而不像以往需要植保飞手拥有很高的飞行操作能力。

航线规划模式适用于中大型地块。

航线规划作业模式注意事项：

（1）提前观察障碍物并进行规划，规避作业区域内的障碍物，以避免植保无人机撞上障碍物造成损坏。

（2）作业前需明确标定点，必须从标定点起飞并执行纠正偏移操作，从而保证航线安全。

（3）要确定好内缩距离，确保内缩距离内无障碍物。

## 四、无人机作业

下面以极飞 V40 2021 款农业无人机为例，介绍无人机作业过程。极飞 V40 2021 款农业无人机集智能播撒、精准喷洒于一体，通过手机智能控制让每一位用户通过最简单智能的操作，安全、高效地完成喷洒作业。无论在大田、果园、山地、丘陵还是梯田，V40 都能轻松地开展播种、撒肥、施药和投饲工作，为每一位用户提供智能、精准、高效、灵活的生产解决方案。

（1）下载“极飞农服”App

使用极飞农服无人机需要在手机上下载安装“极飞农服”App（图 9-9）。仅需最普通的一台 Android 系统的手机下载安装“极飞农服”App，就可以使用农业无人机系统中的各个功能。

图 9-9 扫描二维码下载“极飞农服”App

（2）登录“极飞农服”App

根据民航局法律要求，操作农业无人机前，必须用身份密钥接入，这样既能溯源设备使用者，又便于使用者管理作业数据。

有两种方式可以登录“极飞农服”App。

第一种，新用户可以使用手机验证码直接注册，实名后登录。

第二种，在极飞学院注册过账号的用户可以直接使用账号密码登录。

图 9-10　登录“极飞农服”App

（3）添加设备

①添加无人机

由于农业无人机属于电子科技类产品，在使用时，它的操作权限必须具有唯一性，否则多人同时操控一台无人机时风险概率会非常高。我们在使用前需要在 App 内添加设备，通过特定的配对模式使手机与无人机建立起唯一性的链接通道，确保其操作的安全性，唯一性，如图 9-11 所示。

图 9-11　添加无人机

②连接 ACS2 单手控

ACS2 单手控具备地块测绘和手动操控无人机的功能，“手机＋单手控”可以完成地块测绘工作，“单手控＋无人机”可以实现手动控制飞行。如果需要使用“智能手机＋ACS2 智能遥控器”这个组合进行操作的话，那就需要在连接无人机后，添加并绑定对应的单手控，这个步骤是为了保护使用者在操作无人机时操作权限的唯一性，如图 9-12 所示。

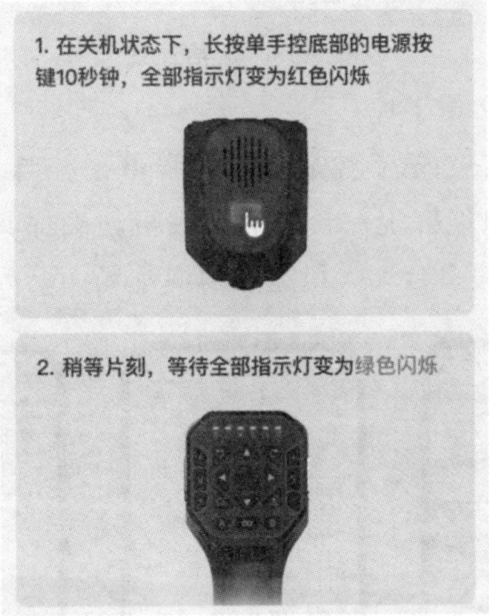


图 9-12　ACS2 单手控连接准备

打开“极飞农服”App，点击“设备”页面内的“添加设备”，这样就通过特定的配对方式实现了手机与 ACS2 单手控之间的通信链路，从而使其他手机不能随意地连接这个 ACS2 单手控，如图 9-13 所示。

图 9-13　通信连接

③绑定 ACS2 单手控

成功连接 ACS2 单手控后，需要将单手控与无人机进行绑定。1 个单手控同时只能绑定一台农业无人机，确保其不会在无人机多的场景下同时操控多台无人机起飞的混乱局面，如图 9-14 所示。

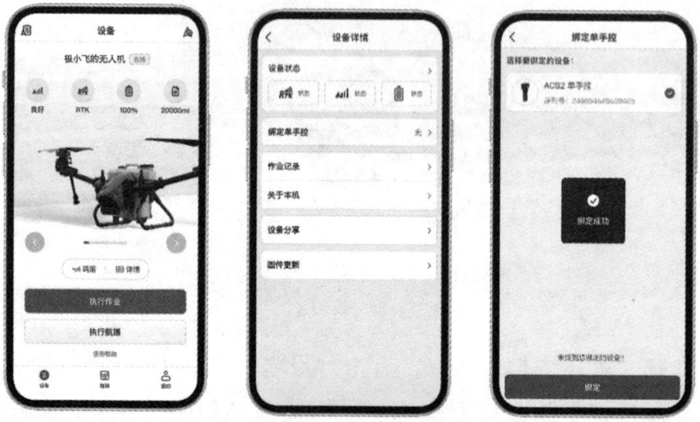

图 9-14　绑定 ACS2 单手控

（4）设备分享

添加设备后，无人机拥有者要将无人机交给另外的操作者使用时可将该设备直接分享至其他账号（注册时的电话号码）进行使用，方法如图 9-15 所示。

图 9-15　设备分享

（5）固件升级

2021 款极飞农业无人机相关模块、智能遥控器及 RTK 设备都会在“极飞农服”App 上进行升级。为保证无人机及设备能够更好地运行，飞行前需要对无人机及其他设备固件进行升级，如图 9-16 所示。

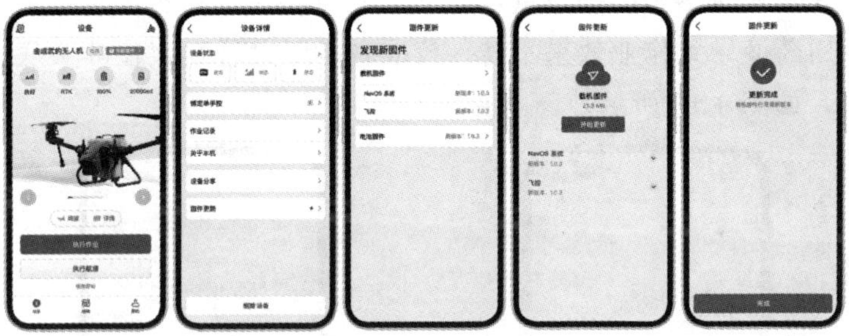

图 9-16　固件升级

（6）测试

固件升级完成后，需对农业无人机进行起飞前的各项校准和测试。

①怠速测试

无人机每次起飞前，需要对动力系统做怠速测试，确保起飞时不会因为某一个电机不转动而导致不必要的损失，如图 9-17 所示。

图 9-17　怠速测试

②蠕动泵校准

对蠕动泵进行校准测试。首先在药箱里加入 2.5～3 L 的药水，然后打开“极飞农服”App 进行校准，确保蠕动泵工作时的准确性，在作业时达到准确用量，既不浪费药液导致农药成本增加，又不少用药液导致作业效果不佳，校准时需用大量杯接住喷头底部的药液，如图 9-18 所示。

图 9-18　蠕动泵校准

③喷洒系统测试

蠕动泵校准完成后，打开“极飞农服”App进行手动喷洒测试。确保水泵、喷头、喷盘均能够正常工作并且将药液排至喷头部位，以免进入田块作业时前几秒不喷药，影响防治效果（药液从药壶内到喷头处需要几秒钟的时间），如图9-19所示。

图9-19　喷洒系统测试

④测绘与地块

“极飞农服”App的测绘方式有四种，分别是航测、高精图测绘、卫星地图打点和ACS2RTK测绘，以下将对航摄方式的使用步骤进行介绍。

• 更换执行系统：将睿图插入睿图卡槽内，听到“咔”声表示睿图已经安装到位，App显示睿图已连接，如图9-20所示。

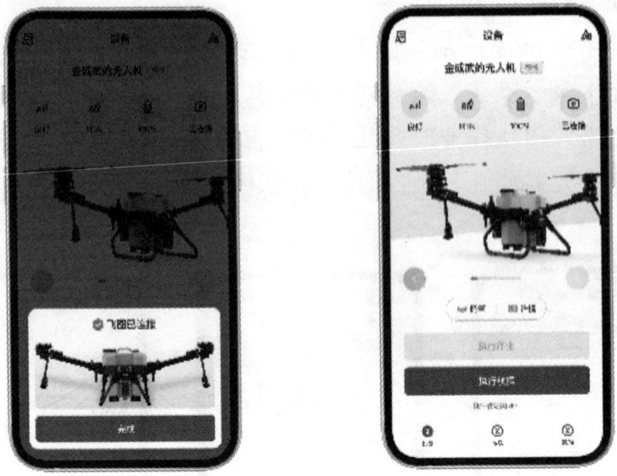


图 9-20　睿图连接

• 点击“执行航摄”：航摄模式有整块拍摄和沿线拍摄两种，可根据实际作业环境选择合适的航摄模式（以整块拍摄模式为例），模式飞行航线需超出田块边界，需注意田块边界 30 米内无高大的建筑物及电塔，如图 9-21 所示。

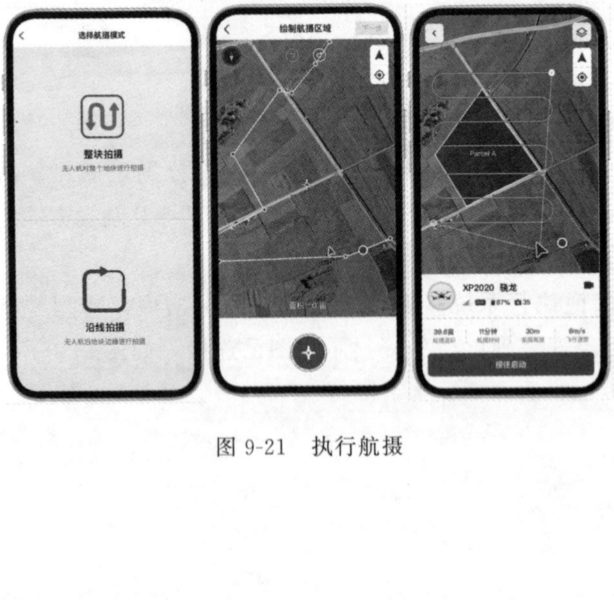


图 9-21　执行航摄

• 启动航摄作业，如图 9-22 所示。

图 9-22　启动作业

• 生成高精图成果，如图 9-23 所示。

图 9-23　高精图成果

• 建图成果（合并），如图 9-24 所示。

图 9-24　建图成果（合并）

• 建图成果（编辑），如图 9-25 所示。

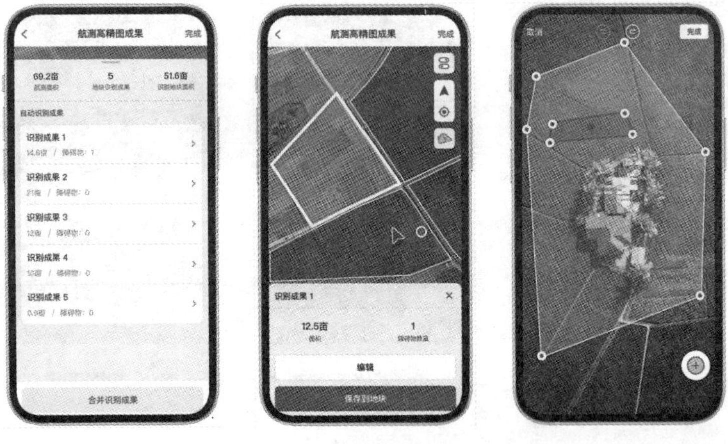


图 9-25　建图成果（编辑）

- 建图成果（地块边界编辑），如图 9-26 所示。

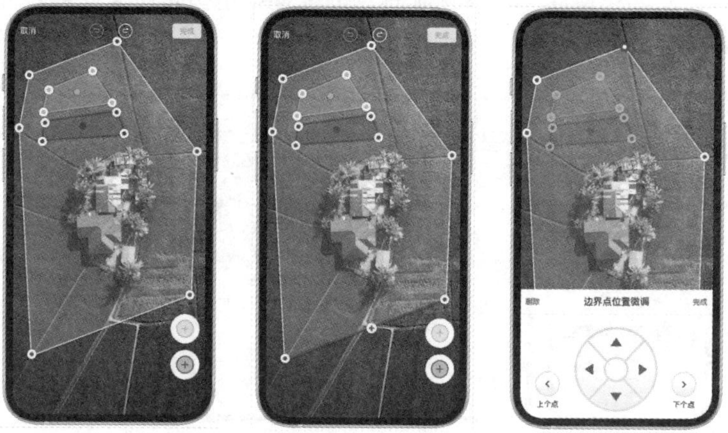


图 9-26　地块边界编辑

- 保存地块，如图 9-27 所示。

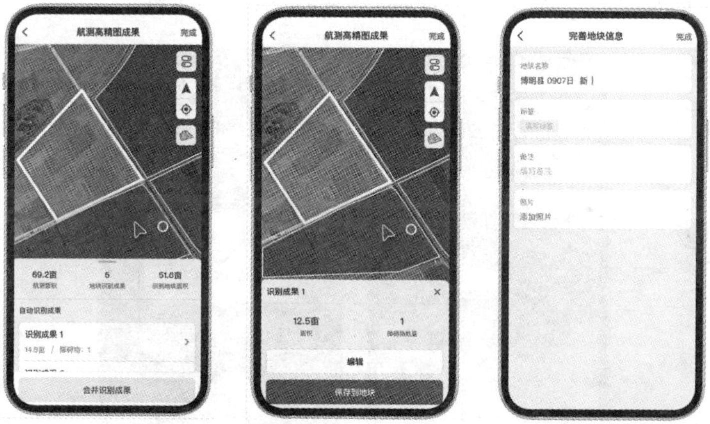


图 9-27　保存地块

（7）启动作业

完成地块测绘后即可启动无人机进行飞行作业。

- 打开“极飞农服”App，左右滑动选择需要作业的设备，点击“执行作业”，进入执行作业界面。对应连接 RTK，先设置航线部分，高度、速度、喷幅、航向，再设置亩用药量、雾化粒径及返航剩余药量等参数，如图 9-28 所示。

图 9-28　执行作业

• 长按“按住启动 开始作业”，待无人机自检完成并倒计时后，无人机将自动起飞进行喷洒作业，如图 9-29 所示。

图 9-29　启动作业

• 无人机作业完成后，点击“查看作业报告”可查看作业报告，如图 9-30 所示。

图 9-30 查看作业报告

• 点击“排除药管残留”，无人机将自动排空药管。

(8) 流量管理

2021 款农业无人机采用运营商网络进行控制指令及相关信息的传输，所以我们需要在农业无人机里插入一张运营商通信卡。为确保正常使用，请提前充值流量至该手机号码上。在使用过程中，可以通过“极飞农服”App 进行流量充值，如图 9-31 所示。

图 9-31　流量管理

# 第三节　植保无人机使用与维护

## 一、植保无人机安全操作规程

作业安全是植保作业的第一要务，操作无人机需严格遵循以下原则：

1. 专业培训，持证上岗

植保无人机并非玩具，它是结合了许多高科技设备设计出来的专业无人飞行器，产品使用不当或对操作不熟悉都可能造成重大伤亡或其他类型事故，所以在使用前必须进行专业的产品培训。根据国家法律法规，操作无人机的人员必须获得“操作证”，持证上岗。

2. 合法飞行，实名认证

植保无人机的无序飞行不仅会危害航空安全，也会危害公共安全。在民用航空法规和相关管理规定的允许下，植保无人机飞行应远离机场及净空保护区、政府办公区域、人员密集区域、军事相关区域和敏感设施区域。在飞行管制区域需要在当地相关部门备案。根据中国民用航空局《民用无人机驾驶航空器实名制登记管理规定》要求，无人机拥有者在购买无人机后须到无人机实名登记系统（uas. caac. gov. cn）进行实名登记。

3. 农药使用，注重防护

农药有毒，须谨慎使用，并按农药使用规范安全操作。避免使用粉剂类农药，否则将影响喷洒系统使用寿命。配药时，注意药水溅洒，防止机身农药残留对人体造成伤害。配药时，务必使用清水，否则将导致杂质堵塞滤网。用药时，若有堵塞，请及时清理后再使用。用药时，注意穿戴长衣长裤、口罩、手套等防护用具，防止人体直接接触农药。施药后，请注意清洗皮肤，清洁飞行器及遥控器。用药时应综合考虑药液浓度、喷洒速率、飞行器距作物高度、风向、风速、气温、湿度等因素，以达到最佳效果。确保用药过程中不会因上述因素对周围人、动物及环境等造成伤害或影响。

4. 设备使用，规范操作

外出飞行作业前，应确保无人机状况良好，检查机身及螺旋桨是否有刮伤或损坏，并确保电池、遥控器及移动设备的电量充足，起飞前必须确认做好飞行前检查以及地面检测，确保飞行安全。同时注意按照无人机上“轻拿轻放”“小心割伤”相关告示进行操作，禁止擅自改装。操作无人机“八不飞”原则：人口稠密的上空不飞；机场中心 20 公里范围内不飞；客机起降航线范围内不飞；军事、边境等敏感地区不飞；明确禁止飞行的场所不飞；存在安全隐患或没有做好充分准备的飞行器不飞；精神状态不好不飞；基本技能还没有练习熟练时不飞，尤其不要靠近人。

## 二、植保无人机维护保养

植保无人机精密度高、工作环境恶劣，一般飞手对于植保无人机维护保养的重点在于对喷头、水泵、药液管路、电池插头等易污部件的清洁，做好易污部件的清洁能延长植保无人机的使用寿命和降低使用故障率。此外，在多次使用后，一些重要设备容易出现问题，需要定期检修，避免因长时间使用而造成损坏。植保无人机一旦出现故障，其维修的代价相当高昂，因此，平常的维护与保养就显得尤为重要。

1. 作业后清洗

农药具有腐蚀性，会对设备造成侵蚀，导致使用寿命缩短 。建议每次作业完毕后及时对设备进行清洗。

清洁剂：先用肥皂水或洗衣粉水清洗，再用清水清洗。

（1）药箱清洗：清洗药箱内部，并用抹布擦拭药箱外表。

（2）灌药机清洗：确认灌药机过滤头及管道低于灌药机平面，放上清水药箱，选择“抽空”功能清洗灌药机内部管路。用抹布擦拭灌药机表面。

（3）机身清洗。

①药箱装肥皂水或皂粉水，手动开启喷洒，清洗喷洒系统里的残留农药。

②药箱更换清水，手动开启喷洒，清洗喷洒系统里的残留肥皂水或皂粉水。

③放置空药箱，手动开启喷洒，直到管路里的水全部排干净，避免残留的液体在运输或存放的过程中流出对其他物品造成损坏。

④湿抹布拧干后，擦拭无人机表面，除去药渍与附着的泥土。如果转场或长时间不使用时需要放空药箱，排干净管路里的液体。

2. 定期维护保养

在日常使用中，设备会发生损耗或故障。定期维护保养可以确保设备以最佳的状态投入到未来的作业中，降低故障，提升效率。

（1）机体结构

①检查机体上的所用螺丝有无松动或缺失。

②检查脚架、机身、机臂、电机、天线等部件安装是否牢固。

③检查各部件连接插头是否牢固、有无氧化，电池接口有无变形。

④检查机身及各部件有无破损、裂痕。拆开机身上盖板，检查防滚架有无裂痕，机臂与电机连接紧固件是否牢固。

⑤定期对设备进行全方位的清洁，清理平时作业后较难清洁到的地方，机身药箱接口、电池接口都要注意清洁。

（2）动力系统

螺旋桨：

①目视检查桨夹有无裂痕变形，桨叶是否存在松动、破损、变形、变软等。

②检查桨叶与桨夹之间的配合松紧度是否合适。

③检查桨夹与电机之间的固定螺丝有无缺失或松动。

④用湿抹布清理桨叶上的附着物。

电机：

①拆下电机壳、螺旋桨，用风枪对电机进行清洁。

②转动电机检查电机轴承有无晃动或异响。

③目视检查电机漆包线有无断裂。

④通过晃动电机，检查电机与电机座安装是否牢固。

电调/电调板：

①拔下电调板电源插头，检查插头防水胶圈密封情况，插头金属部分有无变形或氧化等。

②检查电调板固定螺丝有无缺失或松动。

③拆下电调板，检查电调板与机体连接的减震螺丝有无松动、裂痕等。

④检查电调防水胶圈密封情况。

⑤拆开中心仓盖板，检查电机三相线插头有无松动、变形、氧化等。

（3）喷洒系统

水泵组：

①检查水泵组防水胶圈密封情况。

②检查水泵防水胶圈密封情况。

③拆开泵头，检查泵管与同步盘之间的润滑情况，若润滑较差需涂抹“凡士林”。

④拆开仓盖板，检查水泵板上的插头有无松动、氧化等。

智能药箱：

①检查药箱嘴密封圈密封情况、弹簧弹力。

②拧下智能药箱盖，检查内部管路是否正常。

③拧下药箱滤网，清洁滤网上的污垢。

④检查智能药箱开关，查看工作指示灯是否亮起。

⑤拆下智能药箱感应棒，检查感应棒上的浮子是否正常。

灌药机：

①定期检查更换灌药机泵管。

②长时间不使用需每隔 3 个月对灌药机充电以保持电池活性。

③拆开紧药管滤网，清除滤网上的污垢。

④目视检查灌药机外表有无损坏。

（4）电池：

①飞行结束后若电池出现绿灯单闪，需及时将电池充电到 40%～60%进行存放。未及时充电存放可能导致电池损坏。

②长时间不使用需每隔 3 个月对电池重新充放电以保持电池活性。

③当发现电池鼓包、漏液、变形或者外观破损时需立刻停止使用该电池并及时联系经销商。

④目视检查电池外观，若发现损坏，需拿到保障点进行维修。

（5）带锂电池设备

除了智能电池外还有相关设备含有锂电池，如智能遥控器、智能灌药机、测绘杆等，设备在长时间不使用时，需每隔 2 个月充一次电，充电至 80%后停止。

3. 设备存放

电池、无人机、智能灌药机、智能遥控器、充电器等设备应存放于温度为 10 ℃～30 ℃的干燥环境中，注意防火、防潮、防尘、防暴晒，远离可能形成线路漏电的场所。勿将设备置于漏水、潮湿的地方存放。

# 第四节　植保无人机常见故障排除

## 一、螺旋桨的常见故障与处理

螺旋桨是植保无人机消耗最快的配件，大部分的飞行事故都有可能使螺旋桨发生断裂与破损。

1. 螺旋桨常见故障及处理办法

螺旋桨使用了一段时间后，或多或少都会出现一些故障。螺旋桨常见故障及简单的处理办法见表 9-1。

**表 9-1　螺旋桨常见故障及处理办法**

| 常见故障 | 故障表现 | 处理方法 |
| --- | --- | --- |
| 螺旋桨与机臂属性不一致 | 无人机未起飞就侧翻，或者在空中自旋 | 每次更换桨叶必须反复检查螺旋桨和机臂的属性，更换桨叶后进行试飞，轻微拨动遥控器摇杆，观察无人机桨叶状态，确定无误后再推大油门 |

续表

| 常见故障 | 故障表现 | 处理方法 |
| --- | --- | --- |
| 螺旋桨叶残缺 | 无人机振动加大，操作迟钝、失灵，影响无人机安全 | 发现桨叶有裂纹、残缺时立刻成对更换桨叶 |
| 螺旋桨叶垂直方向（上下方向）晃动 | 拨动桨叶可轻易发生垂直方向晃动 | 定时检查桨叶螺丝，用高强度的螺丝胶锁紧，定期检查 |

2. 螺旋桨的拆卸与更换流程

（1）拆卸工具（图 9-32）：套筒、螺丝刀、内六方扳手（具体尺寸根据要维修的无人机来定）。

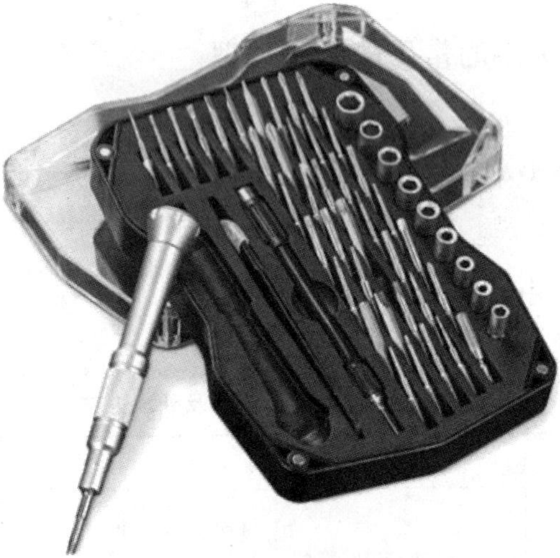

图 9-32　拆卸工具

（2）拆卸注意事项：

①查看螺旋桨的固定方式，决定其拆卸方式（大疆精灵系列螺

旋桨与桨帽是一体的，直接旋转螺旋桨即可拆卸和固定，较为方便）。

②桨帽螺旋桨一体式的固定方向与该螺旋桨所在电机的转动方向相反，多轴无人机的螺旋桨转动方向以机头方向为前，左前与右后螺旋桨顺时针旋转，右前与左后螺旋桨逆时针旋转。植保无人机的螺旋桨大多是用内六方螺丝固定的，所以与平常螺丝一样，顺时针为紧，逆时针为松。唯一要注意的就是工具的大小尺寸要合适，不要把螺丝弄滑丝。

③螺旋桨的拆卸：在拆卸螺旋桨之前要先把无人机电源切断，保证无人机螺旋桨不会旋转伤人。植保无人机螺旋桨大多都是可折叠的桨叶，每一个电机上由两片桨叶组合在一起，由于每个电机上的螺旋桨都是两片组成的，所以不管是损坏了一片或是两片螺旋桨都要换一对也就是两片螺旋桨。固定方式基本都是内六方螺丝固定，拆卸相对较为麻烦，要选用尺寸适合的内六方螺丝刀，逆时针旋转，把螺旋桨的固定螺丝卸下来。卸下来的螺丝要保存好，螺丝是需要重复使用的。

④螺旋桨的安装：选用与拆下来的螺旋桨相同规格的桨叶，检查要更换上去的新桨是否完整无缺，每一片桨叶都要把桨叶上的螺孔对准电机上的螺孔，对正螺孔以后将螺丝垂直插入，用尺寸合适的内六方螺丝刀顺时针旋转紧固螺丝。正桨与反桨不要装反，装反会导致无人机无法起飞，容易损坏无人机。正桨逆时针旋转、反桨顺时针旋转，同时抵消因旋转产生的扭矩。还有一种是共轴反转，正桨和反桨安装于同一根轴上，按照相反的方向旋转，抵消扭矩。在换桨操作完成后，再检查一遍螺丝是否拧紧，正反桨叶是否安装正确，用手小幅度地来回晃动螺旋桨看螺旋桨的固定是否牢靠，待全部检查完毕后，即可通电用遥控器给少量油门，看螺旋桨工作是否正常，待螺旋桨旋转一会后，停止旋转，锁定电机，检查电机是否过度异常发热，如果螺旋桨工作正常，且无其他故障特征，即可

正常飞行使用。

⑤螺旋桨防护装置（如图 9-33 所示）有助于降低人身伤害或减少螺旋桨损坏的风险。大多数螺旋桨防护装置都带有夹式机构，可以快速安装和拆卸。它们设计坚固但重量轻，必须正确地安装与使用。

图 9-33　螺旋桨防护装置

## 二、机臂的拆卸与更换流程

拆卸植保无人机机臂，需要携带的工具有：六角螺丝刀，螺丝胶，工具手套，润滑液。

拆卸机臂前，先于正前方目视植保无人机的位置，确保植保无人机全部部件都观察到，因为植保无人机机身联系紧密，拆卸机臂会对植保无人机全身造成影响。站在植保无人机外侧观察，周围没有障碍物时即可开始拆卸机臂。建议将无人机放置于平稳的四方格内，操作时减少过大幅度的行为。

植保无人机机臂与机身大臂连接件由六角螺丝固定，以板夹轴的结构实现固定与收合，以螺纹圆套实现小臂与连接件的紧固。卸下机臂只需用 7 mm 六角螺丝刀将螺丝拧开，取出电机连接线和机臂上的搭配物件，一并放置于干燥无静电平稳的桌面上，保证螺丝等物件都在专业的收纳盒中，植保无人机上的螺丝都是非常见配件，需要妥善保管。

安装植保无人机机臂前，请选择同型号的植保无人机的机臂，以免造成无法安装和无法飞行等安全隐患。选择了合适的机臂后，需要先在植保无人机连接件上进行比对，以免出现机臂安装不上的后果，选择合适的六角螺丝刀与原配螺丝，将新机臂放在连接件上，对准孔位拧上螺丝，仔细观察其他机臂的抖动感觉，切勿大力拧螺丝，导致螺丝卡在里面进退两难。观察新机臂与安装成功的机臂的区别。

双手从大臂抬起无人机顺时针转动，观察机臂是否可靠，有无明显抖动，若过于抖动可以使用垫片重新在连接口加固，确认无误后将无人机放置于地面上，轻微拖动机臂，观察机臂折叠能力与载重能力是否安全可靠。装上电机电调等部件，观察植保无人机机臂是否适用与稳当。

## 三、电动机的常见故障与处理

电动机（图 9-34）是为无人机提供升力的核心部件之一。农业植保无人机的电动机工作环境恶劣，疲劳操作、水雾、药液附着是其损坏的首要因素。因此，要及早地发现电动机的异常状态，并及时进行处理。电动机常见故障及简单的处理办法见表 9-2。

图 9-34　电动机

表 9-2 电动机常见故障及处理办法

| 常见故障 | 故障表现 | 处理方法 |
|---|---|---|
| 粉尘的堆积 | 电机电路接触不良，短路，转轴阻力大 | 用毛刷和吹风机清除粉尘 |
| 电机进水进液，导致电机损坏 | 轴承损坏，电机旋转有杂音，阻力较大 | 根据不同的问题决定电机维修还是换新 |
| 电机发生过撞击，动平衡破坏 | 卸掉螺旋桨之后，电机旋转产生的振动明显大于正常电机 | 及时更换相同规格的新电机 |
| 电机转向错误 | 飞行器起飞就侧翻，或者起飞后在空中高速旋转 | 当发现电机转向错误时，调换电机的任意两根线即可反向 |

如果无人机在悬停时出现无故侧倾或无法顺利降落，则有可能是电动机出了问题。可先尝试重新校正机身后再起飞，若仍然出现问题，那么一定要及时送厂检修，避免出现电动机停转导致无人机失控甚至坠毁。

检修电动机时，要选择电动机解体的工作地点，清理现场环境。熟悉电动机结构特点和检修技术要求，准备好解体所需工具（包括专用工具）和设备。为了进一步了解电动机运行中的缺陷，有条件时可在拆卸前做一次检查试验。为此，将电动机带着螺旋桨试转，详细检查电机各部分温度、声音、振动等情况，并测试电压、电流、转速等，然后卸下螺旋桨，单独做一次空载检查试验，测出空载电流和空载损耗，做好记录。

## 四、电池的常见故障与处理

### 1. 电池鼓包的处理

电池鼓包的原因可能有两个：一是电池制造水平的问题，电极涂层不均匀，生产工艺比较粗糙；二是使用过程中过充电和过放电问题。这两个因素会导致电池在使用过程中，电池内部发生近似于短路的剧烈反应，生成大量的热，进而导致电解质分解汽化，电池就鼓起来了。

电池鼓包处理办法：当电池鼓包后，首先用保鲜膜将电池密封包好，然后放进冰箱降温半小时左右，将温度降低后的电池取出，然后将电池表面包装纸揭开，用木质牙签（尖头）在电池表面扎一个小孔，用手指按压，排出电池内的气体，用胶带封上气孔。

2. 电池起火应急处置

电池在充电站发生起火时，首先切断设备电源，用石棉手套或火钳摘下充电站架上燃烧的锂电池，置于地面或消防沙桶中，用石棉毯盖住地面上锂电池燃烧的火苗，用消防沙掩埋石棉毯，隔绝空气。若需将使用殆尽的电池报废，应用盐水完全浸泡电池 72 小时以上，确保完全放电后再进行晾干报废。

切忌用干粉灭火，因用干粉对固体金属化学火灾进行灭火时需要大量粉尘覆盖，且干粉对设备有腐蚀作用，污染空间。二氧化碳不污染空间和腐蚀机器，但只能达到对火苗瞬间抑制的作用，需要沙石、石棉毯配合使用。

隔离窒息是应对锂电池燃烧的最好方法。第一时间发现者应尽快扑救，同时用通信工具通知其他人员增援，最大限度减少财产损失和人员伤害。

## 五、灌药机的误差校准

市场上的极飞植保无人机药箱加药需要用到灌药机。药液有腐蚀性、药液较黏稠、更换水泵零件等导致喷洒系统误差过大（正负误差超过 5%）时需要校准。使用清水或药液进行校准（作业时用药液）；若校准后健康指数仍然异常，需检查泵管或喷洒管路是否正常，如发现干瘪、失去弹性、变形则需更换。

校准分为空药箱校准及满药箱校准两步：

①打开灌药机，长按复位键，灌药机显示空药箱校准，放入空药箱，按“+”选择“是”，待显示校准完成，代表第一步校准完成。

②长按复位键，显示屏提示满药箱校准，把装满水（药）的药箱放入灌药机，按“+”选择“是”，待显示校准完成，代表灌药机校准完成。

**注意** 作业时灌药机校准使用满药箱校准，应当将药箱装满药液。灌药机必须放置水平，满药箱药液灌至上刻度线（因为水和药液的密度不同会导致灌药体积不同，同质量的药液密度大的体积小，有可能会导致漏喷）。

# 第十章　谷物烘干机使用与维护

谷物烘干机是粮食烘干设备的统称，也可以称为粮食烘干机，如玉米烘干机、稻谷烘干机、水稻烘干机、酒渣烘干机等。

## 第一节　谷物烘干机构造与工作原理

### 一、横流谷物烘干机结构与工作原理

1．横流谷物烘干机结构

横流谷物烘干机主要由底座、烘干段、缓苏段、提升机、控制箱和检修梯架等部分构成，其外形图如图 10-1 所示，结构示意图如图 10-2 所示。

图 10-1　郴粮 5H-20 型谷物烘干机外形图

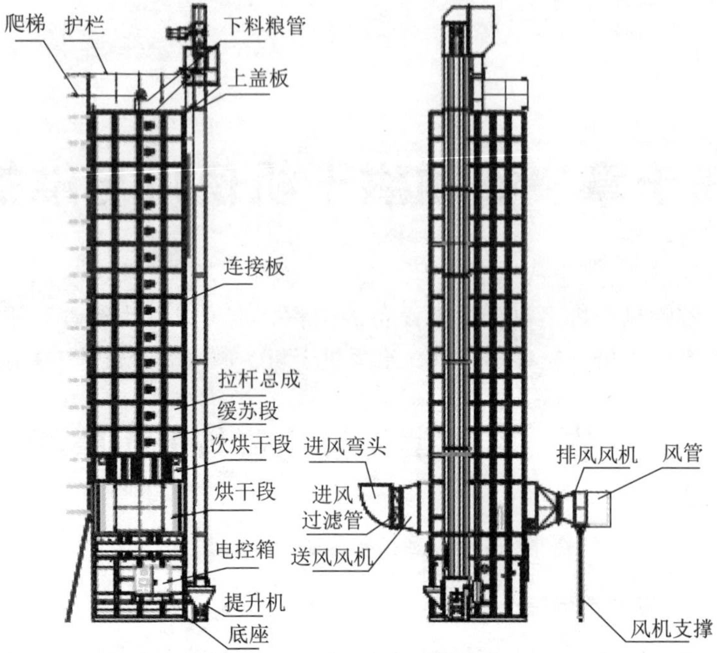


图 10-2 郴粮 5H-20 型横流谷物烘干机结构示意图

横流谷物烘干机采用横流型烘干技术，烘干塔内部分为缓苏段和烘干段，其中，烘干段为不锈钢筛网型构造，耐磨且温度损耗少，可均匀干燥，温度损耗一般在±2 ℃以内。谷物经由提升机输送到烘干塔进料上倾斜溜管，进料完成后按设定要求进行烘干。干燥区分为六个垂直窄通道，谷物沿窄通道从上往下流动，热风水平穿过谷物，把热量传给谷物。谷物经由底部出料绞龙进入提升机，循环输送进烘干塔，重复输入时物料经由匀料盘均匀洒落。热风经由热风道进入物料道对物料进行干燥，再经由排风道排出，以此循环对物料进行干燥。

（1）底座

底座部分由排粮器（拨料器）、下绞龙组合件、张紧链轮组、过渡输送箱、底座墙板等部件组成。该部分与烘干段、提升机进行连接，收集从烘干段经排粮器排出的谷物，经下绞龙输送到提升机底座。

（2）烘干段

烘干段由中风箱组件、排风机、墙板组件、出风罩、热风罩组合件等组成，热风风管与热风罩连接，热风送入中风箱中，干燥进入此段的谷物，排风机将烘干后的潮气拉出机器外。

（3）缓苏段

缓苏段位于烘干段上端，由墙板、支撑拉杆、上绞龙、匀料盘、顶盖组件等组成。

（4）提升机

提升机与底座的下绞龙、缓苏段的上绞龙组合连接，循环输送谷物进出烘干塔。

2. 横流谷物烘干机电控系统

下面以郴粮 5H-20 型横流谷物烘干机为例来进行介绍，其控制箱采用触摸屏操作方式，操作界面如图 10-3 所示。其手动工作操作横式界面如图 10-4 所示，自动工作操作界面如图 10-5 所示，报警记录界面如图 10-6 所示，单机调整控制界面如图 10-7 所示。

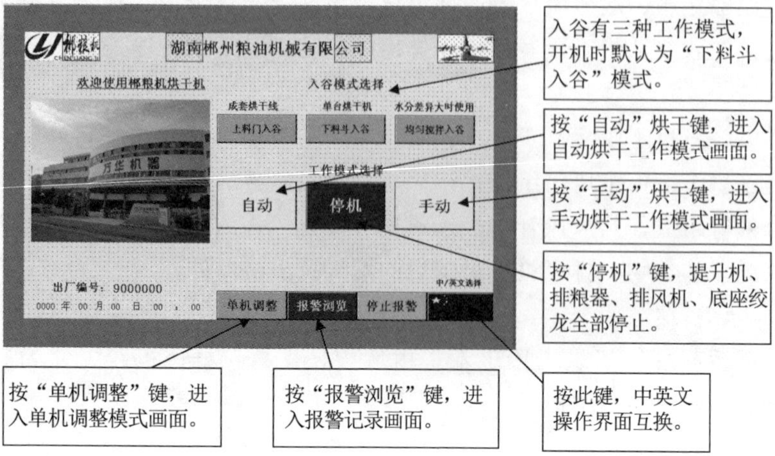


图 10-3　控制箱触摸屏的操作画面

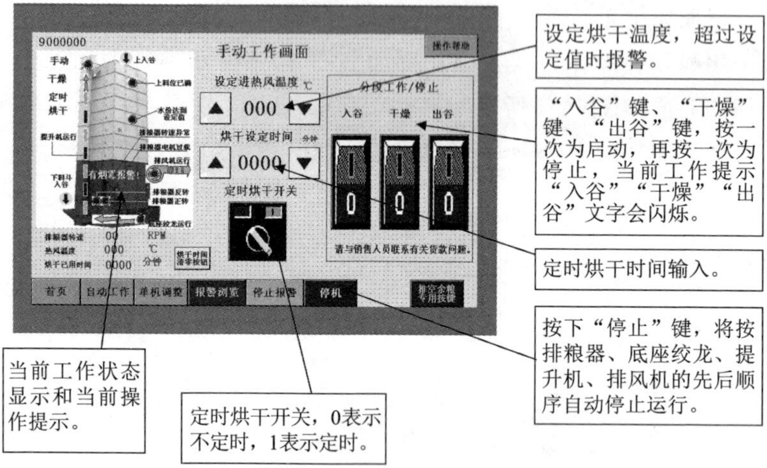


图 10-4　手动工作画面

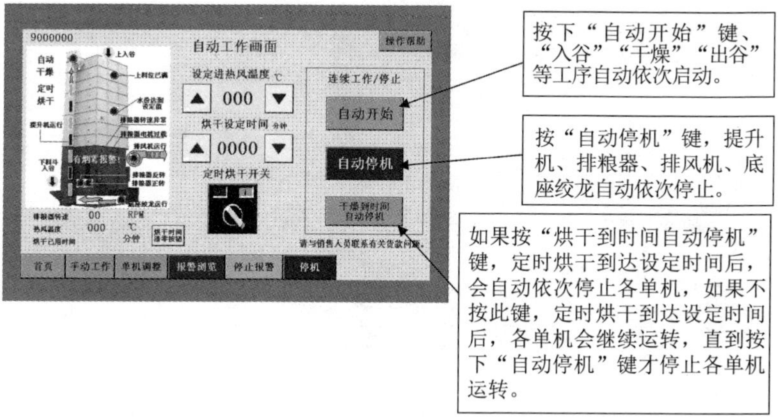


图 10-5　自动工作画面

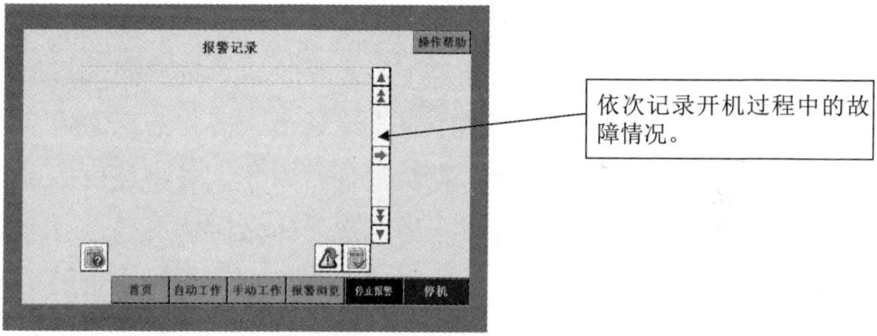


图 10-6　报警记录画面

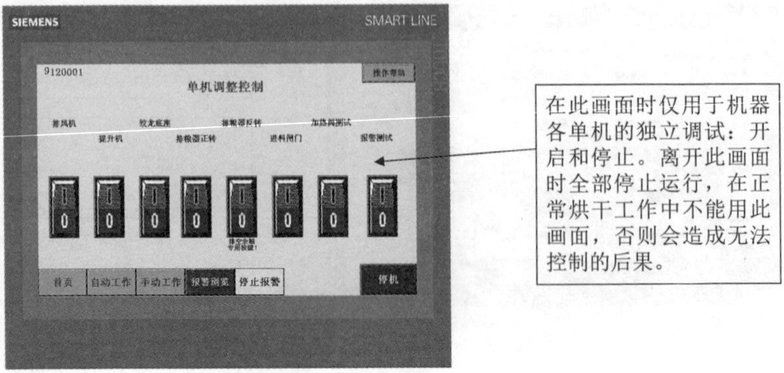


图 10-7　单机调整控制画面

3．横流谷物烘干机工作原理

湿谷经提升机进入烘干处理车间，经过清理设备的清理和风选，除去湿谷中的大杂和小杂，进入湿谷仓中转，再经由提升机、输送机进入烘干塔进行干燥降水分处理，烘干塔内部分为缓苏段和烘干段。谷物经由提升机输送到烘干塔进料绞龙，进料完成后按设定要求进行烘干。干燥区分为四个垂直窄通道，谷物沿窄通道从上往下流动，热风水平穿过谷物，把热量传给谷物。谷物经由底部出料绞龙进入提升机循环输送进烘干塔，重复输入时物料经由分散器均匀洒落。热风经由热风道进入物料道对物料进行干燥，再经由排风道排出，以此循环对物料进行干燥。根据湿谷的水分含量及要求，每台烘干塔按设定要求自循环烘干，达到要求后经由输送机和提升机进入干谷仓暂时储存，也可以中转到粮仓直接储藏或输送到大米生产线加工。

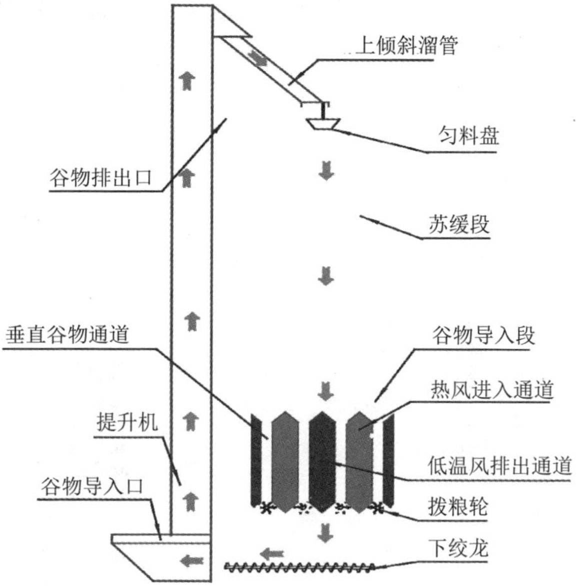


图 10-8 单台设备批式循环干燥原理示意图

## 二、混流谷物烘干机结构与工作原理

1. 混流谷物烘干机结构

混流谷物烘干机采用混流烘干技术。该技术核心工艺是在干燥区使用五角盒错位排列，使热气流与谷物形成横、逆、顺多方向的混合运动。这种结构使热气流与谷物全方位、长时间接触，从而使单位热耗比横流型降低了20％左右，同时，干燥均匀度好，更注重保留谷物的营养价值。

混流谷物烘干机由干燥机本体（底架、通风段、料仓、机顶等）、提升循环系统、排风系统、电控系统和在线水分测试仪等组成。干燥所需热源（热风）由配套的热风炉或其他设备提供。下面以农友 5LH-20 型混流谷物烘干机为例，介绍其主要零部件构造及功能。

（1）本体从下往上有进料斗、底座、皮带输送机、排粮机构、干燥层、储粮层、爬梯、护栏、提升机维修平台等部件。其整体结构示意图如图 10-9 所示。

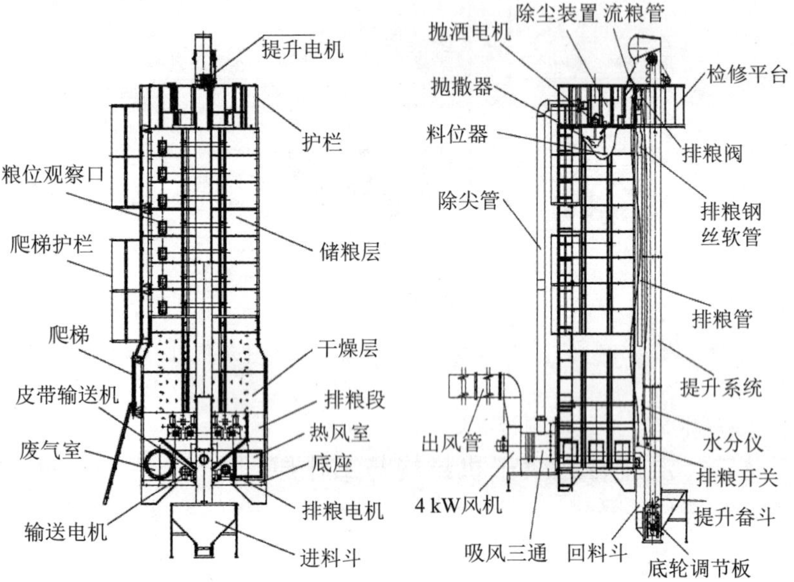


图 10-9　农友 5LH-20 型混流谷物烘干机结构示意图

（2）谷物循环系统由提升机、流管、抛洒器、排料机构、水平输送机组成，本机型的水平输送采用皮带输送，皮带输送能保障粮食在输送中不受任何损伤，且故障少。

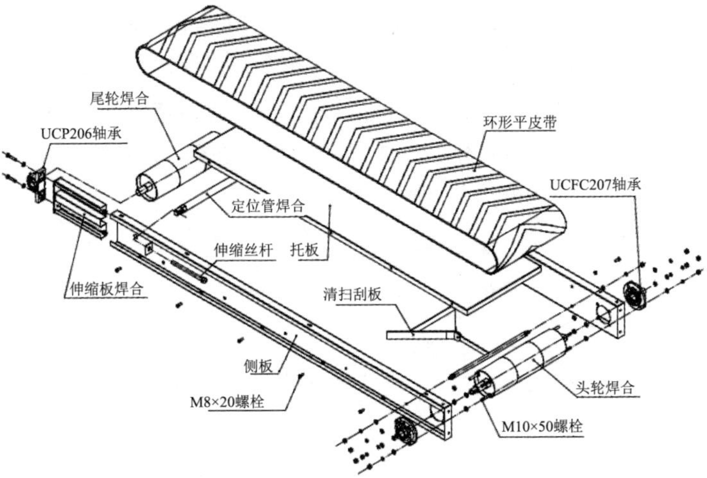


图 10-10　皮带输送机结构示意图

（3）排粮机构由减速电机、传动链条、链轮、排料叶轮、随动轮、张紧装置、导向轮等组成。排粮段结构示意图如图 10-11 所示。

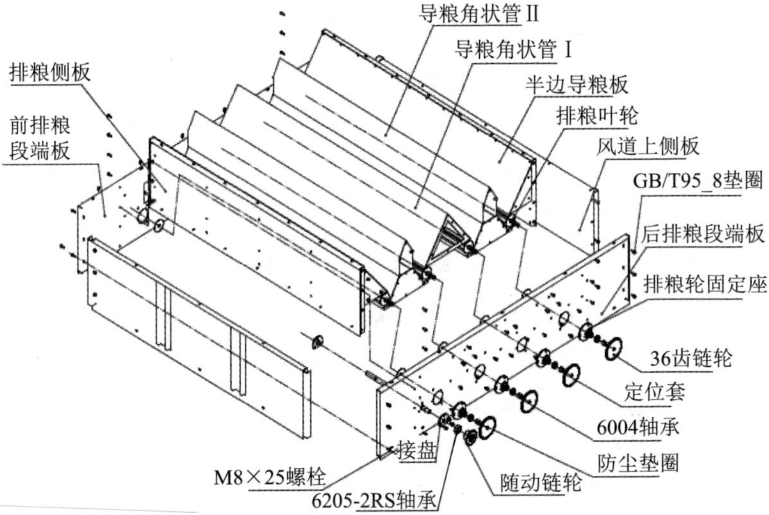


图 10-11　排粮段结构示意图

（4）热、冷风换热系统由热风炉、热风室、干燥层、废气室、排风机和排风管道等组成。热风室外侧下部有调风门，废气室外侧下部有清杂门。干燥层是干燥机的核心，它的结构和大小决定干燥机的干燥效率和运行成本。干燥层内部结构示意图如图 10-12 所示。

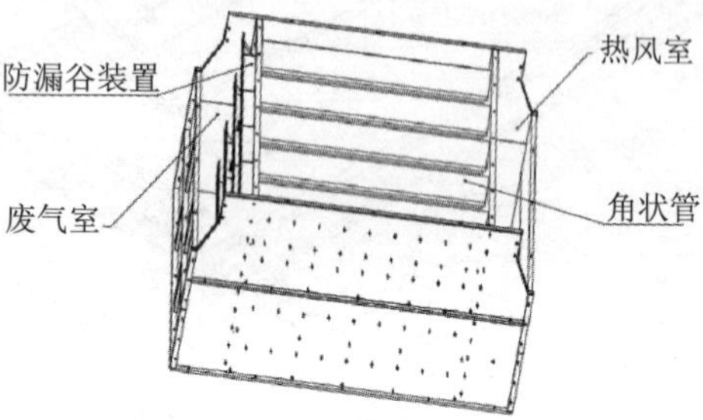


图 10-12　干燥层结构示意图

（5）储粮层由墙板、拉杆等组成。

（6）机顶上装有除尘装置、阻旋式满仓报警器、护栏、检修平台等部件。

（7）电控系统由 PLC 控制器、电子件、传感器、热继电器等组成，是干燥机的“大脑”，负责电力配给、故障诊断、安全保障工作，决定干燥作业质量与安全。阻旋式满仓传感器安装于机顶，保障粮仓装粮时不超量；提升机转动传感器安装于提升机底部从动轮轴外端，当皮带打滑或断裂造成从动轮轴不转动时停机报警；温度传感器安装于热风室侧，检测热风温度，保障被干燥物的品质和安全；过载保护使各电机在产生高温后烧毁前自动断电保护，避免更大的损失。

（8）提升系统由机头、底座、提升畚斗带、提升电机、中间立筒等组成。

（9）水分测试仪用于检测谷物水分的含量。

2. 农友 5LH-20 型混流谷物烘干机电控系统介绍

电控系统主要用于客户对机械设备的集中操作和监视，提高自动化程度。电控系统元器件构成与布局如图 10-13 所示。

图 10-13　电控系统元器件构成与布局图

系统各元件功能说明：

（1）主断路器：分断柜体供电电源。

（2）相序保护器：监测进电电源相序、断相保护。

（3）PLC：控制柜核心控制元器件。

（4）开关电源：为触摸屏提供稳定的 24 V 直流电源。

（5）中间继电器：控制“料位开关”工作电源。

（6）交流接触器：分断、接通各执行电机工作电源，PLC直接控制交流接触器起停。

（7）热继电器：当电机电流超过额定电流时，分断电机电源，以保护电机，避免损失。

（8）起保停接触器：主要控制回路供电，启动按钮按下，二次控制回路上电，急停按钮按下，二次控制回路断开。柜内低压元器件断电。

（9）端子排：当电气柜需要和外界设备连接时，通过端子排集中，既能有效利用空间，又能方便接线。

（10）温控仪：炉子风温、烘干室温度采集，变送单元。

3. 农友5HL-20型混流谷物烘干机工作原理

（1）热风运行流程

热源⟶热风室⟶干燥层⟶废气室⟶排风机⟶排风管

热风在排风机抽力作用下从热源设备进入热风室，再进入干燥层与谷物接触，对谷物加热并带走谷物水分，湿度提高、温降低的废气从废气室由排风机抽出。

（2）粮食运行流程

储粮层（缓苏段）⟶干燥层⟶排粮段⟶皮带输送机⟶提升系统⟶流管⟶除尘装置⟶抛洒器⟶粮仓。

谷物从储粮层通过重力自流进入干燥层，加温、降水后经排粮叶轮转动排出，流入皮带输送机上，送入提升机入料口，再由提升机送入流管、除尘装置，后经抛洒器撒入储粮层，在储粮层内缓苏。

# 第二节　谷物烘干机使用与维护

## 一、谷物烘干机安全操作规程

### （一）操作前物料准备

1. 谷物准备

谷物应符合以下条件：

（1）含杂率不大于2%，含水率不均匀度不大于3%。

（2）无石块、铁器、木料等硬质杂物，秸秆及杂草长度小于50 mm。

（3）谷物起烘量应符合“批处理量”栏中的范围。

**注意**　谷物入仓前如不符合以上条件，请一定要将谷物清选后再入机进行烘干作业。

2. 燃料准备

必须使用生物质颗粒燃料，燃料的热值、粉尘浓度、灰熔点必须符合国家标准，同时也须符合生物质热风炉使用说明书中的相关要求。

### （二）操作流程

1. 将干燥机处于待机状态

（1）合上电源总开关、控制箱内空气开关，电控箱上红色停止按钮指示灯亮。

（2）按下启动按钮，电控箱上绿色按钮指示灯亮，触摸屏上电，进入初始界面“功能菜单”。

2. 进粮

从“功能菜单”点击“自动控制”，系统进入自动界面。

(1) 点击“进粮”按钮，抛洒机、提升机将依次启动工作，拔出进料斗插板。

(2) 装粮运行中，提升机、甩料盘、阻旋式料位器和控制系统工作。当谷物水分较高（高于 25%）、含杂率较多（高于 2%）时，点击“抽风机启动”，插入抽风机吸风口处大插板，并将小插板打开至 1/3 至 2/3 处（5HL-20 型烘干机没有小插板与除尘 PVC 管）。

(3) 粮仓装满后会声光报警，显示屏显示“粮仓已装满”，此时应立即停止加料，并插上料口插板，20 秒后提升机自动停止。各执行电机停止完毕后，声光报警自动解除。

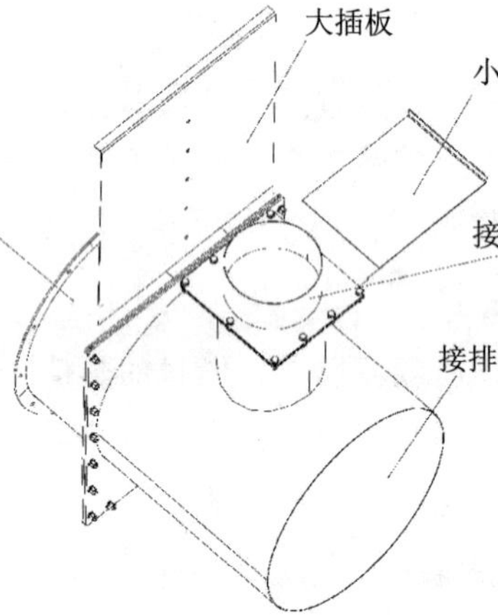


图 10-14　吸风三通操作示意图

3. 干燥

(1) 在干燥循环前需要完成热风炉的点火与升温工作，设定热风炉温度，执行热风炉点火，点火完成后密闭热风炉的各清灰炉门，具体的点火与升温作业指导详见热风炉使用说明书。

(2) 完全打开吸风口大插板，适当调整小插板。点击“干燥”

键，抽风机、甩粮盘、提升机、皮带输送机、排粮装置依序启动工作，干燥机进入自动工作状态。

（3）设定水分仪参数，包括烘干谷物种类、水分设定、检测粒数（100 粒），以及水分修正（默认为 0），依次点击“停止测试”“自动测试”，详见水分仪使用说明书。

（4）谷物通过一定时间的循环干燥后，当水分仪连续 3 次检测到谷物水分低于设定水分值时，系统将会报警，系统将自动停止热风炉进料电机，延时一段时间后热风炉鼓风机、引风机将停止工作。显示屏上显示“干燥完成”字样，30 秒后声光报警解除，机器将进入冷却循环。

**注意**　如果是两台或数台干燥机共 1 台热风炉，为不影响其他机器工作，当其中一台机器“干燥循环”工况即将结束时，操作人员必须值守在机器旁，当听到报警声后将热风管处通往已完成机器的热风插板插上，并打开热风室下的调风门（全部打开）让冷空气进入热风室。同时，检查是否需要调整热风炉的进料参数，以提高燃料利用率。

4. 冷却

谷物干燥结束后温度较高，为保证谷物品质，建议冷却循环 60～90 分钟。当烘干机“干燥完成”后，系统将声光报警，随后自动转入冷却循环中。此后，为确保谷物质量，系统将进入冷却循环程序。建议用户打开热风侧调风门，增加冷风量。

5. 排粮

（1）按“排粮”键启动烘干机。

（2）拉下排粮阀门的软钢绳开始排粮。

（3）在排粮中如排粮装置、提升机下部灰尘较多，可以按“抽风机”键开启排风机，当谷物低于通风段时关闭排风机、或把大扦板扦至低格，否则谷物有可能被抽出。

6. 停止

在任意工作状态中，再次点击已打开的按钮键，与其相关的设备会有序、延时停止工作。当按下电控箱操作面板上的红色“停止”按钮时，所有供电设备将立即停止，此按钮相当于急停按钮。

7. 关机

机器停止后打开控制箱门，断开断路器开关，系统将断电。

8. 清理

（1）烘干机上杂物清理。由于谷物中普遍含杂率较高，为避免烘干机堵塞，每烘干一仓谷需清理烘干仓内杂物。清理热风室、废气室、提升机底部、排粮叶轮处及料仓内的杂物、余粮，清扫各部件积尘，尤其是排粮叶轮与导粮板处不能有杂物堆积。若发现有杂物，请打开观察窗用细长棍子清扫。特别注意：清扫排粮叶轮处杂物时请停机，以免损坏叶轮。

（2）水分仪倒料装置、谷物碾压轮杂物清理。为确保水分仪进料顺畅、测试准确，每烘一仓谷物后将水分仪拨出，对谷物碾压轮进行清理。

（3）热风炉灰渣清理。每烘完一仓后停炉以及停止所有风机，打开热风炉的炉门，将热风炉内未燃烧完全的灰渣清理出来，清理出来的灰烬还具有燃烧能力，请将其用水浇灭或者远离烘干机及其他易燃易爆物品处。

### （三）运行中需要监督、检查的工作

（1）开启热风炉后观察各个炉门、烟道中是否有烟气、灰烬、火星泄漏进入热风中。

（2）检查干燥机电控箱显示屏热风温度及热风炉热风温度是否准确。

（3）检查水分测试仪是否工作，干燥循环中每隔2～3小时查

看一次。

（4）每隔 2～3 小时对提升机、皮带输送机、排料装置查看一次。

（5）检查机器运行过程中有无异常响动。

（6）干燥机内谷物最小量必须达到烘干区第一观察窗位置。

（7）电控箱箱门在开机状态下严禁打开，严防发生触电事故。

### （四）操作注意事项

稻谷的烘干不同于其他谷物的烘干，稻谷是一种热敏性较强的作物，如烘干速度过快、温度过高、连续受热时间过长等均会造成稻谷的爆腰。所谓爆腰就是稻谷籽粒表面及内部产生裂纹，爆腰的稻谷碾米后变成碎米。

（1）因热风管道的热损、漏气和干燥机热风室密封不严、漏气等原因，会造成热风炉所显示的热风温度高于干燥机电控箱显示屏上的热风温度（干燥机热风室温度），这是正常现象。

（2）烘干温度过高会增加谷物的爆腰率。若用户需要追求最佳的谷物营养价值与整精米率，请保证烘干机烘干室热风温度低于 60 ℃；若用户可以降低爆腰率要求，谷物烘干温度可以适当提高。另外，分阶段控制热风烘干温度既能一定程度上达到品质要求，又能提高效率（干燥初期，被烘谷物含水率＞20％，或含水率不均匀度＞1.5％时，热风温度最好低于被烘谷物能承受的最高热风温度 5～8 ℃；当含水率＜20％，且含水率不均匀度＜1.5％时，将热风温度降低，调至 60 ℃与 65 ℃之间）。

（3）为保护水分测试仪，延长使用寿命，建议依据入机谷物含水量大小，在干燥运行 1 小时后（公司程序默认设定，自动运行 90 分钟后，启动水分仪自动测试），再让水分测试仪进入自动运行状态。

## 二、谷物烘干机维护保养

### （一）润滑

1. 轴承润滑

通常情况下，干燥机每工作 500 小时或 3 个月（视何者先到）需润滑一次，润滑时利用黄油枪将黄油注入带座轴承的黄油嘴或轴承防尘盖缝隙处。

2. 链轮链条润滑

干燥机排粮传动的链条、链轮、导向轮、张紧轮、随动轮，每工作 500 小时或 3 个月（视何者先到）需润滑一次，润滑时将黄油均匀涂抹在各部件上。

3. 减速箱润滑

干燥机的排粮电机减速箱、输送机减速箱、抛洒器减速箱的润滑油，每工作 1 000 小时或 1 年（视何者先到）需要更换一次。新注入的机油油面不能低于箱体 1/2，不高于箱体 2/3。换油前使用手动操作，开启提升机，然后开启传输（皮带输送机），再开启排出（排粮机构），让其空转 20 分钟（减速箱发热）后倒出老油，再装入新齿轮油。

### （二）检修

1. 机械部分检查

（1）检查主机基础是否完好，主机、提升机是否有倾斜、变形等现象，检查整机外观是否完整，紧固件是否松动，各润滑处是否润滑良好。

（2）检查提升机：

①检查轴承润滑状况。

②检查提升机畚斗紧固螺丝是否磨损、松动，检查畚斗磨损程

度。新机作业 2～3 天后，要检查提升机畚斗紧固螺丝是否松动，并对其进行紧固，以后每作业 5 天检查一次螺丝的紧固情况和畚斗磨损程度。

③检查提升皮带松弛程度。在停机状态下，取出水分仪导料槽或前观察玻璃，用手压畚斗皮带，若容易晃动说明皮带较松，需要均匀调节两边丝杠调紧。调节畚斗带松紧度时松紧要合适，不应该过紧，如过紧会造成提升机头、尾轮轴弯曲变形，从而对轴及轴承等部件造成损坏；如果过松，则容易造成提升机堵粮。

④检查提升机畚斗带是否发生跑偏，如跑偏则调整调节丝杠(往哪边偏调哪边)。

⑤检查提升机电机及传动三角皮带松紧度。以两手指能将皮带按下 20 mm 左右为宜，皮带过紧会造成轴、轴承等固定件损坏，过松会打滑。

(3) 检查皮带输送机：

①检查减速箱润滑油和轴承润滑状况。

②检查输送带松紧度以及是否跑偏。

③输送皮带松紧度调节方法：调节输送带两边的调节螺杆，注意前后轴保持中心对齐。

④输送皮带跑偏调整：调节输送带两边的调节螺杆。

(4) 排料装置检查：

①打开叶轮转动护罩，检查减速箱、链条、链轮、叶轮轴承的磨损程度、润滑情况，以及键和紧定螺钉是否有松脱情况。

②检查链条松紧度，链条不能太紧也不能太松，一般以链条张紧后在手的作用下能在 30 mm 范围上下摆动为宜。链条使用一段时间后会拉长，链条过松会发生链条跳出故障，对链条、链轮、电机、减速机、排粮叶轮轴会造成较大损伤，因此发现链条过松时应及时调紧。

③链条松紧调节方法：拧松张紧轮支架，向左压紧张紧轮支

杆，然后拧紧螺丝；如调整装置不可调节时，应拆下链条截去2～4节。

④检查所有链轮是否位于同一水平上，不在同一水平上时应及时调正。

⑤链轮、链条磨损严重时，应成套更换。

（5）检查各种防护罩是否完整、牢固，不完整的要配齐，不牢固的要加固。

（6）在手动调试界面，对各运转件进行空载运行试验，并确认运转方向是否正确。

2. 控制系统检查

（1）检查电控箱内元器件、插接件是否有锈腐、受潮、松动与脱线等现象。

（2）检查三相电源是否缺相。

（3）检查各传感器连接线路是否完好。

（4）合上电源总开关、控制箱内断路器开关、右旋急停/停止（红色）开关，按“启动”开关，查看显示屏热风温度是否正常（符合环境温度）。

（5）检查水分测试仪电机工作是否正常，送料搅拢是否有杂物、石头等。

（6）使用期间严防电控箱受潮，如果不慎受潮或进水，应及时切断电源，并用热吹风机将电气部件烘干后，再进行全面的维护检修。

（7）歇业期间对电控箱、水分测试仪进行清理、清扫后再进行防潮封装。

3. 热风炉检查

（1）检查热风炉换热器是否完好，是否发生烟气渗漏。

（2）检查燃料箱盖和炉门是否密封。

（3）检查各风管、风箱是否有破损。

## （三）谷物烘干机主要调试

### 1. 系统操作面板调试说明

（1）电控柜上电完成时，电源指示灯是亮红灯的，此时按下系统启动按钮，绿灯亮起，触摸屏上电点亮，控制柜启动完成，对触摸屏进行操作，控制机械设备的运转和停止。

（2）如图 10-15 所示为操作面板，上面四个绿色带灯按钮可分别启动和停止进粮、干燥、排粮、热风 4 种模式。在使用过程中，当触摸屏损坏或发生通信故障时，作为应急备份，按一下启动，再按一下停止，控制机械设备。

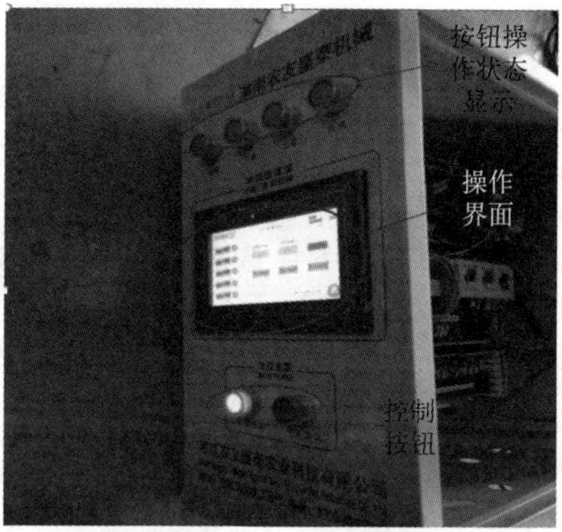


图 10-15　系统操作面板实物图

### 2. 系统上电说明

当系统上电，可以听到触摸屏“滴”地响一声，触摸屏亮起，读条结束后，弹出如图 10-16 所示“功能菜单”界面。

图 10-16　功能菜单

3．系统参数设置

电控柜初次调试时，需要进行参数设置。在主界面中，找到“参数设置”按钮并按下，进入设置界面，如图 10-17 所示。

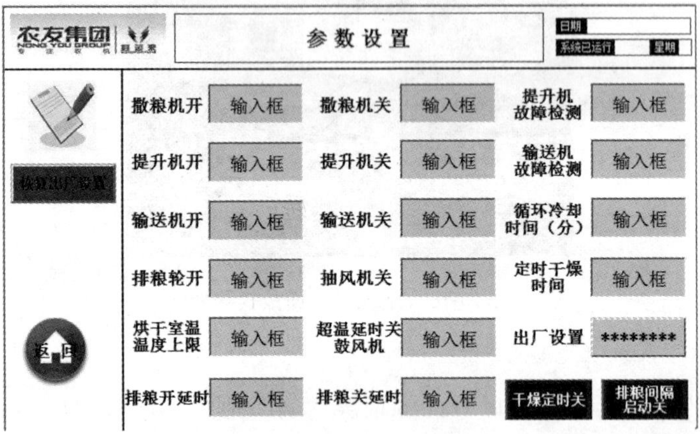


图 10-17　参数设置界面

我们需要对机械设备的顺序延迟启动进行参数设置，通常间隔时间设为 5 秒钟。进行提升机故障检测、输送机故障检测设置，当传感器损坏后，应及时更换。

提升机、输送机故障检测时间设置为 0 时，可分别临时屏蔽故障。

4. 水分仪设置

控制柜与水分仪配套使用时，还需对水分参数进行设置。在主界面中找到“水分仪”按钮并按下，进入水分仪设置界面。

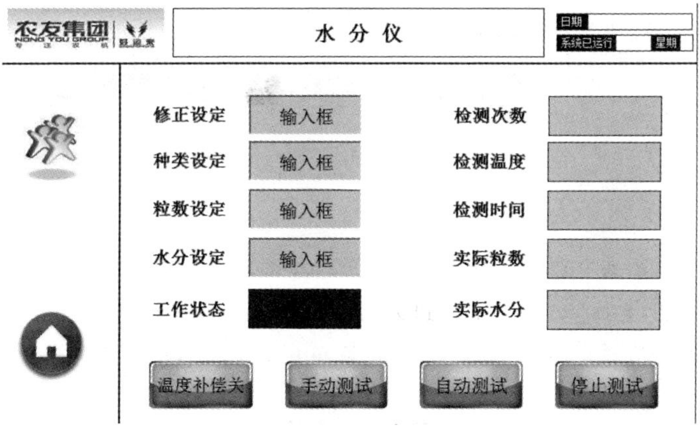


图 10-18　水分仪设置界面

图 10-18 是在烘干过程中对粮食水分参数的设置界面，种类设定、粒数设定、水分设定是水分仪运转的必要参数，在启动水分仪前必须对以上参数进行设置。

修正设定的调节范围在±5%之间，可对测试得到的水分数据进行修正。

种类设定可根据水分仪上的简介具体设置。

粒数设定通常不能低于 50 粒。

水分设定可根据客户的需求进行设置。

当客户需要设置参数，点击绿色的输入框，则可弹出对话框，如图 10-19 所示。

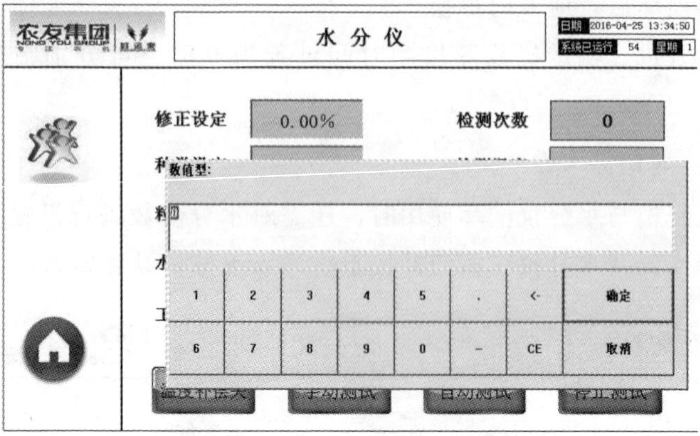


图 10-19　水分仪参数修改界面

5. 系统自动控制说明

用户最常使用的界面为自动控制界面，在此界面用户可以进行烘干机的进粮、干燥、排粮、水分仪设定、热风炉控制等操作。

进入方式：用户在系统功能菜单中点击“自动控制”，系统显示如图 10-20 所示。

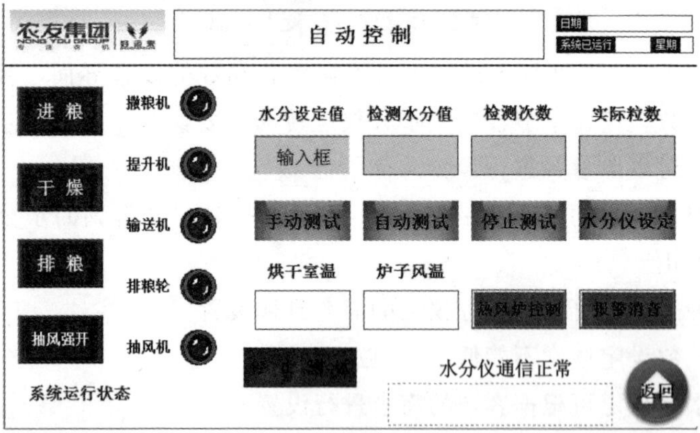


图 10-20　自动控制界面

在此界面，左侧第一列 4 个按钮分别对应相应的烘干机工作模式，红色状态代表模式处于停止状态，绿色状态代表模式处于开启状态。

当按下模式按钮，执行电机将依次启动，模式按钮将由红色转为绿色。

当再次点击模式按钮，执行电机将依序停止，模式按钮将由绿色转为红色。

例如：点击“进粮”模式按钮，撒粮机、提升机依次开启，对应指示灯将由红色转为绿色，当再次点击“进粮”模式按钮，提升机、撒粮机将依序停机，对应指示灯将由绿转红。

左侧第 2 列为各执行单元电机的动作指示，当对应执行电机运行时指示灯为绿色，执行电机停止时指示灯为红色。

右边第一排为水分仪设定参数，第二排为水分仪控制按钮，自动控制界面中开启“干燥”模式，系统默认 90 分钟之后水分仪自动测试模式开启。

第三排中，前两个为烘干室温、炉子风温显示框，第三个按钮为热风炉控制界面进入按钮，第四个按钮用于故障报警消音。

系统在原有的烘干设备中集成了“热风炉控制”，用户在“自动控制”界面中点击“热风炉控制”按钮，系统将显示如图 10-21 所示界面。

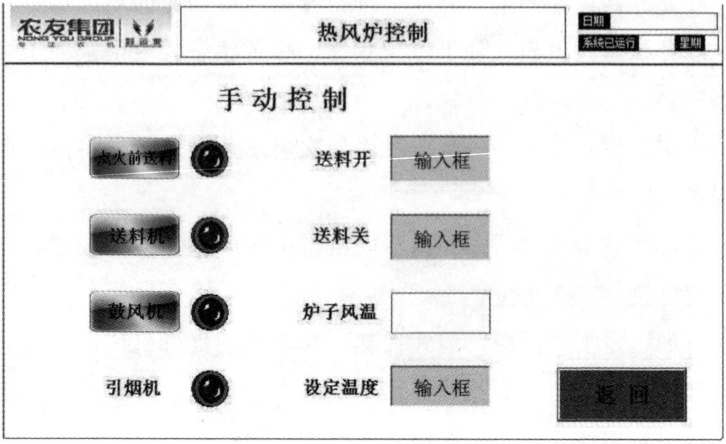


图 10-21　热风炉控制界面

在此界面中，点击一次“点火前送料”按钮，热风炉进料电机将持续送料 20 秒。

点击“送料机”“鼓风机”按钮，送料机与鼓风机将分别启动。

再次点击按钮，送料机与鼓风机将分别停止。

点击“送料开”输入框与“送料关”输入框，可以分别设置送料机送料持续时间与停止时间。

“炉子风温”显示框用来显示热风炉的输出温度。

点击“设定温度”输入框，可以设定热风炉风温。

当“炉子风温”超过设定温度＋2 ℃时，系统会提示“炉温过高”，且会强制关闭送料机，延时 5 秒关闭鼓风机。

当检测到“炉子风温”下降到设定温度－2 ℃时，系统会恢复送料机与鼓风机动作。

6. 手动调试界面

手动调试界面为试机人员或技术人员用于初次调试机器时使

用，或者用于某些情况的故障排除时使用。特别提示：用户对烘干机系统原理不是很清楚时，不建议用户使用该界面来操作烘干机，以免造成机器故障或损坏。

用户在功能菜单主界面，点击手动调试，系统将提示输入密码，输入数字密码“654321”后可进入手动调试界面，如图 10-22 所示。

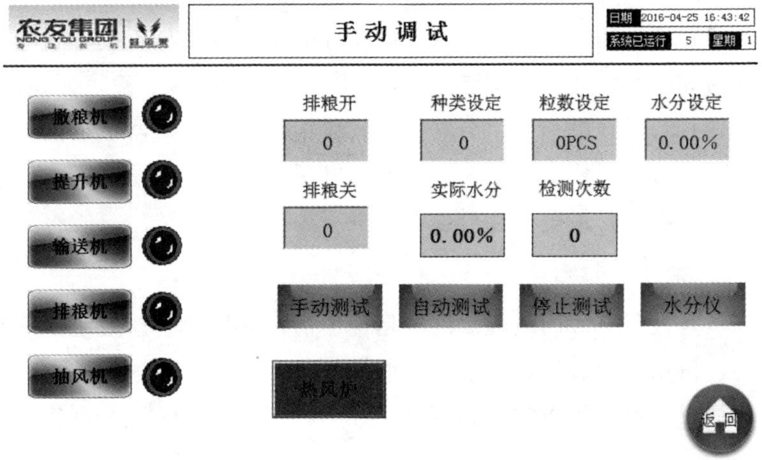


图 10-22　手动调试控制界面

手动界面是为了方便客户第一次安装设备时单个启动设备时使用的，这样可以更好地调试某个电机的运行状态，对烘干机运转流程不熟悉的用户，不建议使用手动调试功能操作。

# 第三节　谷物烘干机常见故障排除

## 一、电气系统常见故障排查方法

1. 电机异响、振动

故障原因通常是欠压和缺相，排查方法如下：

（1）用万用表检查三相四线进线端电压，火线与火线之间电压是否为 380 V，每相火线与零线间电压是否为 220 V。

（2）若进线端正确，但电机仍然缺相，检查断路器上端汇流排螺丝有无松动，依次类推断路器下端电压，接触器上端电压，热继电器下端电压，最后检查对接端子电压是否为 380 V。

2. 启动按钮无效

检查控制电源的接触器供电是否正常，首先把启动按钮按下并保持，再用万用表测量接触器线圈 A1 和 A2 之间是否有 220 V 电压，如果没有，检查按钮端的火线到 A1 是否松动，A2 和总零是否松动。

3. 触摸屏无法启动

上电时触摸屏不显示，首先观察触摸屏供电端直流 24 V 正负极是否接反，再用万用表直流挡测量是否有 24 V 电压，若没有则要检查线路，由于触摸屏供电是由 DC 24 V 开关电源输出供电的，因此用万用表测量开关电源是否有 24 V 输出，若开关电源没有 DC 24 V 输出，则需要更换开关电源。

4. PLC 上电时电源灯不亮或无法启动设备

PLC 状态指示：PWR 是电源指示，正常上电指示灯亮，如果不亮检查 PLC 端电源进线是否有错误；RUN 是 PLC 运行状态指示，正常工作时指示灯亮，如果不亮检查通信口附近的运行开关是否打开；ERR 是 PLC 报错，表示 PLC 损坏或程序有错误。

控制部分主要由触摸屏和 PLC 控制，从 PLC 上观察输入和输出的状态，如 X17 是提升机认证的光电信号，在启动提升机时不仅要观察光电是否闪烁，还要观察 X0 是否闪烁，都闪烁才为正确，否则就要检查光电的接线是否正确，光电开关是否损坏，PLC 端 X17 到端子的接线是否脱落。

5. 控制电机的接触器无法启动

交流接触器是 PLC 控制电机的载体，交流接触器上有 A1、A2 一对点，输入 220 V 电压，则线圈吸合，启动。接触器无法启动时，查看它的一对 A1、A2 点上有没有 220 V 电压，如果有而仍未吸合，则接触器损坏；如果没有，则查看对应的 Y 点在 PLC 上的输出端有没有亮灯，如果亮灯，却没有电压，检查其 COM 端，可能是 COM 端线脱落，或者 PLC 损坏。

6. 启动电机后热继电器过载跳闸

观察电机有无堵转和过载，若在对应的电流范围内还是经常跳闸，就应实时监测电机启动时的实际电流范围和电机发热程度，再分析总结，防止烧毁电机。

7. 显示屏亮且有动作，但机器不能正常启动

显示屏的画面在主界面右上角上有显示，检查通信正常或错误，如果错误，则打开柜子，重新插显示屏到 PLC 的连接线，直到显示通信正常。如果还是错误，可能通信线已损坏，需更换。

8. 水分仪不能正常运行

（1）参数设定：检查参数设定是否正确，请参考水分参数设置画面。

（2）通信故障：首先看一下CAN卡上的拨码开关有没有打到相应位置，应该将2、4、8拨到ON位置，将CAN卡上的盖板拿下，看CAN卡上的PWR（电源）指示灯、COM（通信）指示灯、ERR（故障）指示灯是否正常，在正常情况下PWR常亮，COM闪烁亮，ERR不亮，只有在水分仪没有对接好的情况下，ERR常亮红灯，这个时候应检查对接线是否有问题。

（3）如果PLC部分检查都是没问题的，这个时候用万用表（打到AC 750 V挡位）测量水分仪的供电是否正常，若电压正常，且通信没问题，则需联系厂家。

（4）电源故障：检查水分仪供电电源航插是否松动、没插紧，端子接线是否正确。

## 二、机械系统常见故障及排查方法

**表10-1 机械系统常见故障及排查方法**

| 故障现象 | 原因分析 | 排查方法 |
|---|---|---|
| 叶轮不转 | 1. 减速箱不转<br>2. 链条断裂<br>3. 硬.大物卡死叶轮<br>4. 链轮轴键磨损 | 1. 对减速箱及电机进行维修或更换<br>2. 连接上链条<br>3. 打开检视孔取出杂物<br>4. 更换新轴键 |
| 提升机停转 | 1. 电机损坏<br>2. 三角皮带打滑或损坏<br>3. 畚斗带拉长打滑<br>4. 提升机后向积料太高 | 1. 更换或维修电机<br>2. 调紧或更换<br>3. 调紧或割短后接好并张紧<br>4. 先清除，再减少叶轮排粮量 |
| 皮带输送机至提升机间堵料 | 1. 叶轮排量大于提升机提量<br>2. 提升机三角带或畚斗带打滑<br>3. 畚斗磨损大 | 1. 延长排料间歇时间，减少排料量<br>2. 调紧三角带或畚斗带<br>3. 更换畚斗 |

续表

| 故障现象 | 原因分析 | 排除方法 |
| --- | --- | --- |
| 皮带输送机送料慢或不均匀 | 皮带输送机皮带打滑 | 调紧皮带 |
| 烘后谷物含水率不均匀 | 1. 原粮含水差别大<br>2. 杂质堵塞通风段 | 1. 延长低温干燥时间<br>2. 清理通风段 |
| 干燥时间过长 | 1. 热风道阻塞或废气室漏气<br>2. 排风量少<br>3. 热风供给量少<br>4. 热风温度过低 | 1. 清理通道，检查废气室密封状况<br>2. 更换风机叶轮或风机<br>3. 增加热风供给量（提高热风温度后适当打开热风室的通气门）<br>4. 适当提高热风炉热风温度 |

# 附 录

## 农业机械产品修理、更换、退货责任规定

### 第一章 总则

**第一条** 为维护农业机械产品用户的合法权益，提高农业机械产品质量和售后服务质量，明确农业机械产品生产者、销售者、修理者的修理、更换、退货（以下简称为三包）责任，依照《中华人民共和国产品质量法》《中华人民共和国农业机械化促进法》等有关法律法规，制定本规定。

**第二条** 本规定所称农业机械产品（以下称农机产品），是指用于农业生产及其产品初加工等相关农事活动的机械、设备。

**第三条** 在中华人民共和国境内从事农机产品的生产、销售、修理活动的，应当遵守本规定。

**第四条** 农机产品实行谁销售谁负责三包的原则。

销售者承担三包责任，换货或退货后，属于生产者的责任的，可以依法向生产者追偿。

在三包有效期内，因修理者的过错造成他人损失的，依照有关法律和代理修理合同承担责任。

**第五条** 本规定是生产者、销售者、修理者向农机用户承担农

机产品三包责任的基本要求。国家鼓励生产者、销售者、修理者做出更有利于维护农机用户合法权益的、严于本规定的三包责任承诺。

销售者与农机用户另有约定的，销售者的三包责任依照约定执行，但约定不得免除依照法律、法规以及本规定应当履行的义务。

**第六条**　国务院工业主管部门负责制定并组织实施农业机械工业产业政策和有关规划。国务院产品质量监督部门、工商行政管理部门、农业机械化主管部门在各自职责范围内按照本规定的要求，根据生产者的三包凭证样本、产品使用说明书以及农机用户投诉等，建立信息披露制度，对生产者、销售者和修理者的三包承诺、农机用户集中反映的农机产品质量问题和服务质量问题向社会进行公布，督促生产者、销售者、修理者改进产品质量和服务质量。

## 第二章　生产者的义务

**第七条**　生产者应当建立农机产品出厂记录制度，严格执行出厂检验制度，未经检验合格的农机产品，不得销售。

依法实施生产许可证管理或强制性产品认证管理的农机产品，应当获得生产许可证证书或认证证书并施加生产许可证标志或认证标志。

**第八条**　农机产品应当具有产品合格证、产品使用说明书、产品三包凭证等随机文件：

（一）产品使用说明书应当按照农业机械使用说明书编写规则的国家标准或行业标准规定的要求编写，并应列出该机中易损件的名称、规格、型号；产品所具有的使用性能、安全性能，未列入国家标准的，其适用范围、技术性能指标、工作条件、工作环境、安全操作要求、警示标志或说明应当在使用说明书中明确。

（二）有关工具、附件、备件等随附物品的清单。

（三）农机产品三包凭证应当包括以下内容：产品品牌、型号规格、生产日期、购买日期、产品编号，生产者的名称、联系地址和电话，已经指定销售者、修理者的，应当注明名称、联系地址、电话、三包项目、三包有效期、销售记录、修理记录和按照本规定第二十四条规定应当明示的内容等相关信息；销售记录应当包括销售者、销售地点、销售日期和购机发票号码等项目；修理记录应当包括送修时间、交货时间、送修故障、修理情况、换退货证明等项目。

**第九条** 生产者应当在销售区域范围内建立农机产品的维修网点，与修理者签订代理修理合同，依法约定农机产品三包责任等有关事项。

**第十条** 生产者应当保证农机产品停产后五年内继续提供零部件。

**第十一条** 生产者应当妥善处理农机用户的投诉、查询，提供服务，并在农忙季节及时处理各种农机产品三包问题。

## 第三章 销售者的义务

**第十二条** 销售者应当执行进货检查验收制度，严格审验生产者的经营资格，仔细验明农机产品合格证明、产品标识、产品使用说明书和三包凭证。对实施生产许可证管理、强制性产品认证管理的农机产品，应当验明生产许可证证书和生产许可证标志、认证证书和认证标志。

**第十三条** 销售者销售农机产品时，应当建立销售记录制度，并按照农机产品使用说明书告知以下内容：

（一）农机产品的用途、适用范围、性能等；

（二）农机产品主机与机具间的正确配置；

（三）农机产品已行驶的里程或已工作时间及使用的状况。

**第十四条**　销售者交付农机产品时，应当符合下列要求：

（一）当面交验、试机；

（二）交付随附的工具、附件、备件；

（三）提供财政税务部门统一监制的购机发票、三包凭证、中文产品使用说明书及其他随附文件；

（四）明示农机产品三包有效期和三包方式；

（五）提供由生产者或销售者授权或委托的修理者的名称、联系地址和电话；

（六）在三包凭证上填写销售者有关信息；

（七）进行必要的操作、维护和安全注意事项的培训。

对于进口农机产品，还应当提供海关出具的货物进口证明和检验检疫机构出具的入境货物检验检疫证明。

**第十五条**　销售者可以同修理者签订代理修理合同，在合同中约定三包有效期内的修理责任以及在农忙季节及时排除各种农机产品故障的措施。

**第十六条**　销售者应当妥善处理农机产品质量问题的咨询、查询和投诉。

## 第四章　修理者的义务

**第十七条**　修理者应当与生产者或销售者订立代理修理合同，按照合同的约定，保证修理费用和维修零部件用于三包有效期内的修理。

代理修理合同应当约定生产者或销售者提供的维修技术资料、技术培训、维修零部件、维修费、运输费等。

**第十八条**　修理者应当承担三包期内的属于本规定范围内免费修理业务，按照合同接受生产者、销售者的监督检查。

**第十九条**　修理者应当严格执行零部件的进货检查验收制度，

不得使用质量不合格的零部件，认真做好维修记录，记录修理前的故障和修理后的产品质量状况。

**第二十条** 修理者应当完整、真实、清晰地填写修理记录。修理记录内容应当包括送修时间、送修故障、检查结果、故障原因分析、维护和修理项目、材料费和工时费，以及运输费、农机用户签名等；有行驶里程的，应当注明。

**第二十一条** 修理者应当向农机用户当面交验修理后的农机产品及修理记录，试机运行正常后交付其使用，并保证在维修质量保证期内正常使用。

**第二十二条** 修理者应当保持常用维修零部件的合理储备，确保维修工作的正常进行，避免因缺少维修零部件而延误维修时间。农忙季节应当有及时排除农机产品故障的能力和措施。

**第二十三条** 修理者应当积极开展上门修理和电话咨询服务，妥善处理农机用户关于修理的查询和修理质量的投诉。

## 第五章 农机产品三包责任

**第二十四条** 农机产品的三包有效期自销售者开具购机发票之日起计算，三包有效期包括整机三包有效期，主要部件质量保证期，易损件和其他零部件的质量保证期。

内燃机、拖拉机、联合收割机、插秧机的整机三包有效期及其主要部件的质量保证期应当不少于本规定附件 1 规定的时间。内燃机单机作为商品出售给农机用户的，计为整机，其包含的主要零部件由生产者明示在三包凭证上。拖拉机、联合收割机、插秧机的主要部件由生产者明示在三包凭证上。

其他农机产品的整机三包有效期及其主要部件或系统的名称和质量保证期，由生产者明示在三包凭证上，且有效期不得少于一年。

内燃机作为农机产品配套动力的，其三包有效期和主要部件的质量保证期按农机产品的整机的三包有效期和主要部件质量保证期执行。

农机产品的易损件及其他零部件的质量保证期达不到整机三包有效期的，其所属的部件或系统的名称和合理的质量保证期由生产者明示在三包凭证上。

**第二十五条**　农机用户丢失三包凭证，但能证明其所购农机产品在三包有效期内的，可以向销售者申请补办三包凭证，并依照本规定继续享受有关权利。销售者应当在接到农机用户申请后 10 个工作日内予以补办。销售者、生产者、修理者不得拒绝承担三包责任。

由于销售者的原因，购机发票或三包凭证上的农机产品品牌、型号等与要求三包的农机产品不符的，销售者不得拒绝履行三包责任。

在三包有效期内发生所有权转移的，三包凭证和购机发票随之转移，农机用户凭原始三包凭证和购机发票继续享有三包权利。

**第二十六条**　三包有效期内，农机产品出现质量问题，农机用户凭三包凭证在指定的或者约定的修理者处进行免费修理，维修产生的工时费、材料费及合理的运输费等由三包责任人承担；符合本规定换货、退货条件，农机用户要求换货、退货的，凭三包凭证、修理记录、购机发票更换、退货；因质量问题给农机用户造成损失的，销售者应当依法负责赔偿相应的损失。

**第二十七条**　三包有效期内，农机产品存在本规定范围的质量问题的，修理者一般应当自送修之日起 30 个工作日内完成修理工作，并保证正常使用。

**第二十八条**　三包有效期内，送修的农机产品自送修之日起超过 30 个工作日未修好，农机用户可以选择继续修理或换货。要求换货的，销售者应当凭三包凭证、维护和修理记录、购机发票免费更换同型号同规格的产品。

**第二十九条** 三包有效期内，农机产品因出现同一严重质量问题，累计修理2次后仍出现同一质量问题无法正常使用的；或农机产品购机的第一个作业季开始30日内，除因易损件外，农机产品因同一一般质量问题累计修理2次后，又出现同一质量问题的，农机用户可以凭三包凭证、维护和修理记录、购机发票，选择更换相关的主要部件或系统，由销售者负责免费更换。

**第三十条** 三包有效期内或农机产品购机的第一个作业季开始30日内，农机产品因本规定第二十九条的规定更换主要部件或系统后，又出现相同质量问题，农机用户可以选择换货，由销售者负责免费更换；换货后仍然出现相同质量问题的，农机用户可以选择退货，由销售者负责免费退货。

**第三十一条** 三包有效期内，符合本规定更换主要部件的条件或换货条件的，销售者应当提供新的、合格的主要部件或整机产品，并更新三包凭证，更换后的主要部件的质量保证期或更换后的整机产品的三包有效期自更换之日起重新计算。

符合退货条件或因销售者无同型号同规格产品予以换货，农机用户要求退货的，销售者应当按照购机发票金额全价一次退清货款。

**第三十二条** 因生产者、销售者未明确告知农机产品的适用范围而导致农机产品不能正常作业的，农机用户在农机产品购机的第一个作业季开始30日内可以凭三包凭证和购机发票选择退货，由销售者负责按照购机发票金额全价退款。

**第三十三条** 整机三包有效期内，联合收割机、拖拉机、播种机、插秧机等产品在农忙作业季节出现质量问题的，在服务网点范围内，属于整机或主要部件的，修理者应当在接到报修后3日内予以排除；属于易损件或是其他零件的质量问题的，应当在接到报修后 1 日内予以排除。在服务网点范围外的，农忙季节出现的故障修理由销售者与农机用户协商。

国家鼓励农机产品生产者、销售者、修理者农忙时期开展现场的有关售后服务活动。

**第三十四条**　三包有效期内，销售者不履行三包义务的，或者农机产品需要进行质量检验或鉴定的，三包有效期自农机用户的请求之日起中止计算，三包有效期按照中止的天数延长；造成直接损失的，应当依法赔偿。

## 第六章　责任免除

**第三十五条**　农机用户应当按照有关规定和农机产品的使用说明书进行操作或使用。

**第三十六条**　赠送的农机产品，不得免除生产者、销售者和修理者依法应当承担的三包责任。

**第三十七条**　销售者、生产者、修理者能够证明发生下列情况之一的，不承担三包责任：

（一）农机用户无法证明该农机产品在三包有效期内的；

（二）产品超出三包有效期的。

**第三十八条**　销售者、生产者、修理者能够证明发生下列情况之一的，对于所涉及部分，不承担三包责任：

（一）因未按照使用说明书要求正确使用、维护，造成损坏的；

（二）使用说明书中明示不得改装、拆卸，而自行改装、拆卸改变机器性能或者造成损坏的；

（三）发生故障后，农机用户自行处置不当造成对故障原因无法做出技术鉴定的；

（四）因非产品质量原因发生其他人为损坏的；

（五）因不可抗力造成损坏的。

## 第七章　争议处理

**第三十九条**　产品质量监督部门、工商行政管理部门、农业机械化主管部门应当认真履行三包有关质量问题监管职责。

生产者未按照本规定第二十四条履行明示义务的，或通过明示内容有意规避责任的，由产品质量监督部门依法予以处理。

销售者未按照本规定履行三包义务的，由工商行政管理部门依法予以处理。

维修者未按照本规定履行三包义务的，由农业机械化主管部门依法予以处理。

**第四十条**　农机用户因三包责任问题与销售者、生产者、修理者发生纠纷的，可以按照公平、诚实、信用的原则进行协商解决。

协商不能解决的，农机用户可以向当地工商行政管理部门、产品质量监督部门或者农业机械化主管部门设立的投诉机构进行投诉，或者依法向消费者权益保护组织等反映情况，当事人要求调解的，可以调解解决。

**第四十一条**　因三包责任问题协商或调解不成的，农机用户可以依照《中华人民共和国仲裁法》的规定申请仲裁，也可以直接向人民法院起诉。

**第四十二条**　需要进行质量检验或者鉴定的，农机用户可以委托依法取得资质的农机产品质量检验机构进行质量检验或者鉴定。

质量检验或者鉴定所需费用按照法律、法规的规定或者双方约定的办法解决。

## 第八章　附则

**第四十三条**　本规定下列用语的含义：

本规定所称质量问题，是指在合理使用的情况下，农机产品的使用性能不符合产品使用说明中明示的状况；或者农机产品不具备应当具备的使用性能；或者农机产品不符合生产者在农机或其包装上注明执行的产品标准。质量问题包括：

（一）严重质量问题，是指农机产品的重要性能严重下降，超过有关标准要求或明示的范围；或者农机产品主要部件报废或修理费用较高，必须更换的；或者正常使用的情况下农机产品自身出现故障影响人身安全的质量问题。

（二）一般质量问题，是指除严重质量问题外的其他质量问题，包括易损件的质量问题，但不包括农机用户按照农机产品使用说明书的维修、保养、调整或检修方法能用随机工具可以排除的轻度故障。

内燃机、拖拉机、联合收割机、插秧机严重质量问题见本规定附件 2。

本规定所称农业机械产品用户（简称农机用户），是指为从事农业生产活动购买、使用农机产品的公民、法人和其他经济组织。

本规定所称生产者，是指生产、装配及改装农机产品的企业。农机产品的供货商或进口者视同生产者承担相应的三包责任。

本规定所称销售者，是指以其名义向农机用户直接交付农机产品并收取货款、开具购机发票的单位或者个人。生产者直接向农机用户销售农机产品的视同本规定中的销售者。

本规定所称修理者，是指与生产者或销售者订立代理修理合同，在三包有效期内，为农机用户提供农机产品维护、修理的单位或者个人。

**第四十四条**　农机产品因用于非农业生产活动而出现的质量问题符合法律规定的有关修理、更换或退货条件的，可以参照本规定执行。

**第四十五条** 本规定由国家质量监督检验检疫总局、国家工商行政管理总局、原农业部、工业和信息化部按职责分工负责解释。

**第四十六条** 本规定自 2010 年 6 月 1 日起施行。1998 年 3 月 12 日原国家经济贸易委员会、国家技术监督局、国家工商行政管理局、国内贸易部、机械工业部、原农业部发布的《农业机械产品修理、更换、退货责任规定》（国经贸质［1998］123 号）同时废止。

**附件：**

1. 内燃机、拖拉机、联合收割机、插秧机整机的三包有效期以及主要部件的名称、质量保证期。（略）

2. 内燃机、拖拉机、联合收割机、插秧机严重质量问题表。（略）

# 参考文献

[1] 中华人民共和国农业部. NY/T 1640—2008，农业机械分类[S]. 北京：中国农业出版社，2008.

[2] 工业和信息化部等. JB/T 8574—2013，农机具产品型号编制规则 [S]. 北京：机械工业出版社，2013.

[3] 国家质量监督检验检疫总局等. GB/T725—2008，内燃机产品名称和型号编制规则 [S]. 北京：中国标准出版社，2008.

[4] 梁勇. 农机技术服务 [M]. 北京：中国农业科学技术出版社，2008.

[5] 扶爱民. 小型农业机械使用与维护 [M]. 长沙：湖南科学技术出版社，2014.

# 参考文献


[illegible]

[illegible]

[illegible]

[illegible]

[illegible]，2011.